MARK S.......

El show de Trump

Mark Singer escribe para *The New Yorker* desde 1974. Es autor de varios libros, entre los que destacan *Somewhere in America* (2004) y *Character Studies* (2005). Actualmente vive en Nueva York.

El show de Trump

El show de Trump

El perfil de un vendedor de humo

MARK SINGER

Prólogo de
David Remnick

Traducción de
Conrado Tostado y Jeannine Diego Medina

Vintage Español
Una división de Penguin Random House LLC
Nueva York

Para Ellen, la mejor

Índice

Prólogo

David Remnick

Durante décadas, el problema de Donald Trump para los escritores, desde reporteros de diarios sensacionalistas hasta escribas de más altos vuelos, que publicaban en lo que se solía llamar *"the qualities"*,[1] es que iba más allá de la parodia. Hombre de un ego rampante, con fondos holgados y más necesidad de atención que un recién nacido, Trump, a horcajadas sobre Nueva York, arrojaba a la prensa un sinfín de citas inverosímiles. Sin embargo, en lugar de "La hipocresía es el homenaje que el vicio rinde a la virtud",[2] debíamos escuchar "Tengo tantos amigos maravillosos que son gay, pero soy tradicionalista".

En los años ochenta, noventa y más tarde, Trump solía aparecer en las páginas de la revista satírica *Spy*[3] o en el diario *New York Post*.[4] Y no hacía nada para evitarlo. Era un corredor de bienes raíces que intentaba venderse a toda costa: se le podía ver en los encuentros de la Federación Mundial de Lucha Libre, humillaba a los participantes del concurso "Quiero ser Trump" del *reality show The Apprentice*,[5] o bien, degradaba a media humanidad en *The Howard*

Stern Show.[6] Era un caballero capaz de juzgar a su ex esposa en la radio: "Buenas tetas, cero sesos". Su vulgaridad era irrefrenable y no conocía límites. Le tenía sin cuidado que a la gente le pareciera crudo. Sabía que lo seguirían escuchando. "¿Sabes? En realidad, no importa lo que escriban, siempre que tengas a tu lado una nalga joven y bella."

Trump no sólo iba más allá del insulto y la parodia, sino que parecía un producto local de Nueva York, como el olor de la plataforma del metro en la estación Times Square a mediados de agosto. En 1960, A. J. Liebling, experto reportero de *The New Yorker* de mediados del siglo XX, viajó a Louisiana para escribir sobre el gobernador Earl Long, el veleidoso hermano de Huey,[7] con la convicción de que su tema no era materia de exportación. "Al igual que el maíz dulce, las personalidades políticas del sur de Estados Unidos se echan a perder cuando viajan —escribió—. Y cuando al fin llegan a Nueva York, se vuelven como ese maíz amarillo que traen de Texas, duro e imposible de vender." A la inversa, ése era el problema con Trump.

Sospecho que esos mismos factores estuvieron en el origen de la reticencia de mi amigo y colega Mark Singer en 1996, cuando su editora Tina Brown le pidió —mejor dicho, le instruyó— que escribiera sobre Donald Trump. Me consta la auténtica reticencia inicial de Mark. Sé cuando un tema lo apasiona de verdad —el colapso de un banco en su estado natal, Oklahoma; el enigma del mago y erudito Ricky Jay— y me di cuenta de que tardó mucho en calentarse. Sin embargo, me alegro de que haya sentido el látigo de la coerción editorial para seguir adelante, si bien a regañadientes, porque produjo el mejor retrato, el más cómico y perspicaz que se haya hecho de Trump. Del mismo modo que Liebling logró hacer de un tipo medio loco, como Earl Long, un producto literario de exportación, Singer encontró la manera de escribir con frescura y humor sobre Trump. Su perfil[8] es un clásico del género.

Nunca imaginamos que resultaría tan valioso tantos años después. Ahora que escribo estas líneas, Donald Trump ya no sólo está interesado en adquirir otra torre en Manhattan y chapearla en oro, ahora pretende ocupar la Casa Blanca. Aspira a dirigir al ejército de Estados Unidos y hacerse cargo de sus armas nucleares.

No estoy del todo seguro, tal vez nunca lo esté, pero creo que estuve presente cuando Trump tomó la fatal decisión de postularse a la presidencia. Durante años, había coqueteado de manera pública y verbal con la idea, pero siempre pensamos que se trataba de un excipiente publicitario, al igual que los *Trump Steaks*.[9] Sin embargo, me parece que parte de su decisión de seguir adelante se debe a la humillación. En la cena para corresponsales de 2011 de la Casa Blanca, ritual de primavera de baja inercia, los periodistas y políticos de la capital apiñaban sus egos en la sala más grande del Hilton para alardear, atiborrarse y elucidar, de nuevo, quién tendría más sentido del humor:

el presidente de Estados Unidos o el cómico contratado para la ocasión.

Esa noche, el presidente Obama decidió, con el apoyo de sus redactores de discursos, que había llegado el momento de gastar algunas bromas a expensas de Trump, que había encabezado el esfuerzo para deslegitimarlo al poner en duda su lugar de nacimiento. Días antes, el estado de Hawái había emitido el acta de nacimiento completa de Obama, lo que confirmaba —en caso de que alguien lo dudara— que había nacido en un hospital de Honolulu. Obama bromeó en su discurso y dijo que estaba dispuesto a ir "aún más lejos" y divulgar su "video de nacimiento". Aquella noche, los comensales del Hilton vieron un fragmento de la película *El rey león*.

Obama sabía que Trump estaba en la sala, sentado en la mesa del *Washington Post*. La embestida fue duradera.

"Sé que últimamente ha armado cierto revuelo, y que nadie se siente más orgulloso que Donald de haber despejado, por fin, el enigma del acta de nacimiento —dijo Obama, mientras cientos de ojos se posaban en Trump—. Ahora, al fin, puede volver a temas de mayor trascendencia, por ejemplo, ¿el alunizaje fue un simulacro? ¿Qué ocurrió realmente en Roswell?[10] ¿Dónde están Biggie y Tupac?"[11]

Trump frunció el ceño, tensó la mandíbula y apretó los labios. Estaba profundamente disgustado. Lo suyo no era sonreír y tomar las cosas con ligereza. Y se notaba. (Yo mismo estaba a dos mesas de distancia.)

Fuera de broma, evidentemente todos conocemos sus capacidades y la amplitud de su experiencia —remachó Obama—. Por ejemplo, no, en serio, si el equipo de cocineros de un restaurante de cortes de carne no causó buena impresión en los jueces de Omaha Steaks,[12] en un episodio reciente de *Celebrity Apprentice,* los responsables, sin duda, pudieron ser muchos. Pero usted, señor Trump, reconoció que el verdadero problema radicaba en la falta de liderazgo. De modo que no culpó a Lil Jon o a Meatloaf: echó a Gary Busey.[13] ¡Ése es el tipo de decisiones que a mí me quitarían el sueño! ¡Bien hecho, caballero!

Seth Meyers, el comediante contratado para el evento, también gastó algunos chistes a costa de Trump. Su broma más memorable fue: "Donald Trump ha estado diciendo que va a postularse a la presidencia por el Partido Republicano. Me sorprende, porque siempre supuse que se postularía por broma".

De nuevo, no podría asegurar que ésa haya sido la noche decisiva de cuando los celos y el resentimiento se transformaron en planeación decidida. Trump lo ha negado. Por lo demás, nadie puso mucha atención. El momento Trump de la cena se vio eclipsado cuando Obama anunció, horas más tarde, que un equipo de las fuerzas especiales de la Marina Armada de Estados Unidos había matado a Osama bin Laden.

Sin duda, ésta ha sido la campaña electoral más absurda y deprimente que hayamos tenido en décadas. La razón primordial es el populismo de Donald Trump, así como su innegable éxito al obtener muchos más votos de los que cualquiera hubiera esperado. Vale mucho la pena releer el perfil de Mark Singer para saber qué se observaba y pensaba de este hombre cuando había mucho menos en juego, cuando sólo era el bufón, más o menos inocuo, de mi amada ciudad.

Cara a cara

Es el otoño de 1996. He sido escritor de planta de *The New Yorker* desde 1974 y colaborado con un sinnúmero de editores; en este momento, la editora es Tina Brown. ¿Qué puedo decir de las proverbiales pugnas entre escritores y editores? Que logré sortearlas todas. Tina me cae bien. Tenemos una comprensión muy clara de nuestra relación de trabajo. Me he tardado cuatro años en escribir un libro que debía haber terminado en uno y medio, por lo que no he estado muy disponible, durante este tiempo, para redactar notas para la revista. De modo que Tina y yo estamos en el entendido de que en el escritorio de su oficina hay un cajón especial. Y en ese cajón, un frasco. Y en ese frasco, mis testículos.

Una mañana suena mi teléfono. Es Tina. "¡Trump! ¡Donald Trump! Acabo de desayunar con él en el Plaza. Vas a redactar un perfil sobre él. Te va a encantar. ¡Es un embustero de primera, te va a fascinar! Le dije que tú también lo ibas a fascinar. ¡Lo vas a hacer!"

Eso significa que lo voy a hacer.

Pongo manos a la obra. Se toma varios meses. Acompaño a Trump a varios lugares. Trato de comprender su manera de hacer negocios, el funcionamiento interno, el humo, los espejos. Desde el principio, establecemos nuestra dinámica de trabajo: acepto, de modo tácito, que soy su instrumento. Es el mundo Trump. Sólo tengo permiso de escuchar, mirar y hacer preguntas, de vez en cuando. Cuando se me autoriza, soy una mosca en la pared. Fuera de eso, no existo para él. Las condiciones, dicho sea de paso, me parecen óptimas para mi trabajo.

A pesar de mi falta de costumbre, debo tomar en serio a Donald Trump. Entre otras tareas, debo leer muchos libros con su nombre y retrato en la portada, supuestamente escritos por él, pero redactados por escritores fantasma. El tema de esta obra, en conjunto, tendría eco años más tarde, de un modo amplificado, en la serie *The Apprentice*: "Ambos sabemos que eres un imbécil, pero tienes permiso, al menos, de fantasear sobre mi vida".

Y eso es precisamente lo que quiero hacer. Desde nuestro primer encuentro en su oficina de la Trump Tower, entendí que independientemente de lo que Trump me haya parecido hasta ese momento, ante todo y sobre todo es un artista del *performance*. Las apariencias no dejan de ser, en cierto nivel, artificio. Mi objetivo era discernir a la persona en el personaje.

Se han escrito muchos libros y cientos de artículos sobre Trump. También los leo. No tiene caso preguntarle cosas que ya ha respondido. Podría intentar nuevas preguntas. Por ejemplo, ¿tiene una vida interior? Apuesto a que nadie le ha preguntado eso.

Un sábado, en el invierno de 1997, Trump y yo pasamos una mañana y una tarde a solas, recorriendo algunos de sus edificios en construcción, tanto en Manhattan (edificio de oficinas) como al norte de la ciudad de Nueva York, en Westchester (campos de golf). Él conduce y yo ocupo el asiento de la muerte. Tomo notas. Mientras recorremos la carretera I-684, le pregunto sobre su rutina matinal.

—¿A qué hora se despierta?

—Cinco y media a.m.

—¿A qué hora se sienta a su escritorio de la Trump Tower?

—Siete o siete y media.

—¿Qué hace antes de dirigirse a la oficina?

—Leo los periódicos, etcétera.

—Ya veo —digo—. Usted está básicamente solo. Su esposa sigue dormida —en ese entonces, Trump estaba casado, aunque no por mucho tiempo, con su segunda esposa, Marla Maples—. Se rasura y se ve al espejo del baño. ¿Qué piensa?

Mirada de incomprensión de Trump.

—Quiero decir, al mirarse al espejo, ¿piensa "*Wow*, soy Donald Trump"?

Trump sigue confundido.

—Está bien. Supongo que quiero saber si se considera a usted mismo una compañía ideal.

(En aquel entonces, la respuesta de Trump me pareció poco apta para imprimirse. Pero eso fue entonces.)

—¿Quieres saber qué considero realmente una compañía ideal? —dice Trump.

—Sí.

—Un buen culo.

En diversas ocasiones y por distintos motivos, me han sorprendido algunas locuciones trumpeanas. A ciertas declaraciones, antepone la frase "es extraoficial, pero lo puedes usar". Lo que tiene tanto sentido como la taxonomía de sus bienes raíces: "Lujo, súper lujo y súper súper lujo".

Al llegar la primavera el perfil está casi terminado. Tengo todo, salvo el final. También tengo una fecha de entrega. Un jueves por la noche le envío por fax a mi editora 10 000 palabras, aún sin final. Me preparo para dormir, enciendo el radio despertador de mi mesa de noche, que sintoniza una estación de noticias. A la hora, en punto, la noticia del momento es: Donald Trump y Marla Maples se separan.

Desafortunadamente, no lo había anticipado en absoluto. Y por fortuna mi artículo se volvía, abruptamente, de coyuntura. Trump accede a verme en su oficina el lunes siguiente y mi premio es un final, la primera escena y una certeza cristalina acerca de su vida interior. En vista de las vicisitudes domésticas por las que atraviesa Trump, ¿es feliz? ¿Se siente arrepentido? ¿Propenso a la introspección? Su estado de ánimo no deja entrever nada. Me había dicho, con anterioridad, que en tiempos difíciles no confía en nadie. A lo largo del trabajo me entrevisté con decenas de socios y amistades de Trump, entre ellos un analista financiero que me hizo la siguiente observación: "En el fondo, quiere ser Madonna".

Lo que abona a mi conclusión: no tiene vida interior. La penúltima línea de mi artículo: "Aspiró a alcanzar y logró el lujo máximo: una existencia sin el perturbador rumor de un alma".

Como era de esperarse, a Trump no le gustó lo que escribí. No me enteré directamente por él, sino que le envió a Tina un reproche de amante despechado: "Jamás me vuelvas a pedir una nota. Me dijiste: 'Será maravilloso, te va a encantar', ¡me mentiste!" ¡Qué desfachatez!

Meses más tarde, ese mismo año, tuve la oportunidad de apreciar de un modo más puntual sus sentimientos hacia mí. En su libro *Trump: The Art of the Comeback*,[1] redactado por la escritora fantasma Kate Bohner, nos dedica unas páginas a Tina y a mí. Narra que años antes cuando Tina editaba la revista *Vanity Fair*, le asignó a Marie Brenner ("reportera poco agraciada") redactar una nota sobre él. Por alguna razón, Trump decidió omitir lo que alguna vez me contó sobre su gesto de venganza —derramó una copa de vino tinto en el vestido de Marie durante una cena de caridad.

Aparezco en la página 181, en el capítulo titulado "La prensa y otros microbios". (En la página opuesta, un retrato de Trump con Liberace[2] con el siguiente pie de foto: "Liberace fue un gran artista y un gran hombre. Todos lo extrañamos sentidamente". Sin duda.)

Tina Brown insistió, de nuevo, en que me prestara a ese perfil. Es una mujer muy persuasiva. Me dijo: "¡Te va a encantar la nota, te va a encantar!"

Después de escucharla un buen rato, accedí. Pensé, ¿cuántos editores te invitan a desayunar para convencerte de hacer una nota que bien podrían escribir sin ti?

Al día siguiente me llamó Mark Singer, reportero de *The New Yorker*. Cuando entró a mi oficina, sentí de inmediato que no era gran cosa, alguien sin rasgos memorables, con una leve expresión burlona y un resentimiento latente.

Singer me recordó un poco a Harry Hurt, un tipo que escribió un libro inexacto sobre mí.[3] Físicamente, Singer era un poco más atractivo que Harry Hurt (lo que no resultaba tan difícil), sin embargo, sus *cicatrices* emocionales se notaban a leguas.

Al leer (¡y releer, y releer!) este fragmento, confirmo que mi vida, sin ninguna duda, tiene sentido. Fuera del nacimiento de mis hijos, esto es lo más maravilloso que me ha sucedido. Si todo lo demás se desvaneciera o se desplomara, siempre me quedaría *Trump: The Art of the Comeback*.

Ahora es 2005. Publico *Character Studies*, un libro que incluye mis reportajes sobre Trump. En la edición del domingo de *The New York Times* aparece una reseña de Jeff MacGregor, a quien tengo por un hombre muy perspicaz, a pesar de su equívoco: "La única ocasión en la que Singer asesta un golpe bajo es en su perfil de 1997 sobre el

Donald Trump previo a *The Apprentice*, donde adopta cierto tono malicioso. Que Trump sea la caricatura de una
caricatura lo convierte en un blanco fácil, sin inteligencia
ni velocidad para defenderse".

Piénsalo dos veces, MacGregor. Tres semanas después,
The New York Times Book Review[4] divulgó una carta escri-
ta por Trump a propósito de la reseña. Días antes me entero de que se publicará y se me ocurre vigilar mis ventas
en Amazon. *Character Studies* es el número 45 638 en la
lista de ventas. No importa, la carta de Trump es de una
locura sublime:

Estimado editor:

Recuerdo cuando Tina Brown estaba a la cabeza de *The
New Yorker* y un escritor llamado Mark Singer me entrevis-
tó para un perfil. Él estaba deprimido. Pensé: *está bien, espero
lo peor.* No era sólo que Tina Brown estuviera conduciendo
The New Yorker a la deriva, sino que el escritor se ahogaba en
su propia tristeza, lo que sólo logró inspirarme escepticismo
sobre el resultado del interés de ambos en mí. Tristeza llama
tristeza y ellos eran un perfecto ejemplo de este credo.

Jeff MacGregor, el reseñista de *Character Studies*, recopi-
lación de los perfiles escritos por Singer para *The New Yorker*,
donde se incluye uno sobre mí, escribe bastante mal... Tal
vez él y Mark Singer estén hechos uno para el otro. Hay
quienes proyectan largas sombras y otros que deciden vivir
bajo esas sombras. Cada quien lo suyo. Están en su derecho
de elegir.

La mayor parte de los escritores quiere tener éxito. Algunos incluso quieren ser buenos escritores. He leído a John Updike, a Orhan Pamuk, a Philip Roth. Cuando Mark Singer ingrese a esas ligas, tal vez lea alguno de sus libros. Pero pasará mucho tiempo, no nació con un gran talento para la escritura… Quizá debería de… intentar convertirse en un escritor de clase mundial, aunque fuera un esfuerzo inútil, en lugar de verse obligado a escribir acerca de gente extraordinaria que a todas luces está fuera de su alcance.

He sido autor de bestsellers desde hace casi 20 años. Les guste o no, los hechos son los hechos. En su artículo "Fantasmas en la máquina" (del 20 de marzo), el muy respetado Joe Queenan menciona que yo he producido un "flujo continuo de clásicos" con un "estilo sin zurcidos" y que la "voz" de mis libros es notoriamente constante, al grado de considerarse un "logro extraordinario".[5]

Es un gran halago de un escritor muy destacado. No he escuchado nada similar acerca de perdedores como Jeff MacGregor, a quien nunca he encontrado, o de Mark Singer. Sin embargo, bajo cualquier circunstancia, elegiría a Joe Queenan antes que a Singer o MacGregor, ¡se trata de algo muy sencillo llamado talento!

No tengo la menor duda de que a los libros de Singer y MacGregor les irá muy mal, simplemente carecen de lo necesario. Quizá algún día nos sorprendan al escribir algo que importe.

DONALD TRUMP
Nueva York

En el arco de 48 horas, varios colegas me pidieron consejo sobre cómo lograr que Trump los ataque y mi libro se disparó al lugar 385 de la lista de Amazon. Puedo escuchar la voz de mi madre recordándome que debo escribirle una nota para darle las gracias. Pero le quiero mostrar mi gratitud con algo más que un mensaje escrito. ¿Qué le puedo mandar? ¿Qué le gusta?

¡Dinero!

Decido enviarle mil dólares.

En ese momento recuerdo que no tengo mil dólares. Pienso en otra cifra.

Querido Donald:

Muchísimas gracias por la maravillosa carta que dirigiste a *The New York Times Book Review*. Un buen número de amigos ha llamado o escrito para decirme que se trata de lo más cómico que han leído en mucho tiempo.

Aunque estoy seguro de que usted, como autor, está consciente de que no es bien visto pagarle a las personas que reseñan nuestros libros, incluí, sin embargo, un cheque por la cantidad de $37.82 dólares, un pequeño gesto para mostrarle mi tremenda gratitud. Usted es alguien especial para mí.

También he incluido un par de curitas, ya que al parecer le resulta imposible dejar de rascarse la misma herida, pueden serle de utilidad.

Con alegría, Mark

Sospeché que las cosas no quedarían allí y como era de esperarse, al cabo de 10 días recibí un sobre con el logotipo sellado y remitente de la Trump Organization. Descubro mi carta adentro. Trump me la devolvió con las siguientes palabras, escritas con tinta negra y en mayúsculas: "¡MARK, ERES UN PERDEDOR TOTAL! ¡Y TU LIBRO (AL IGUAL QUE TUS ESCRITOS) SON UN ABSURDO! MIS MEJORES DESEOS, DONALD. P. D. ME HAN DICHO QUE NO SE ESTÁ VENDIENDO".

Debo admitir que tiene razón respecto a la anémica venta de mis libros. Mi calificación en Amazon descendió al lugar 53 876.

En eso, sucede algo más. Recibo una carta de Citibank. La abro y encuentro mi estado de cuenta. Noto que se aligeró 37.82 dólares. Trump cobró el cheque.

Madonna

Una mañana de primavera de 1997, Donald Trump, que bajo circunstancias normales sólo tolera la publicidad a regañadientes, como los bebés sus contados alimentos diarios, se encontraba en su oficina del piso 26 de la Trump Tower. Su estado de ánimo era bastante tranquilo. Como era de esperar, ya que su matrimonio de tres años y medio con Marla Maples llegaba a su fin, los paparazzi se amontonaban a las puertas de la Trump Tower y todo el fin de semana los helicópteros habían sobrevolado Mar-a-Lago, su club privado en Palm Beach.[1] ¿Qué resultaría de todo aquello? "Creo que soy muy malo para manejar a la prensa —dijo Trump—. Soy bueno para los negocios y para concebir ideas. La prensa me retrata como un lanzallamas salvaje, pero soy muy distinto. Creo que el retrato que hacen de mí es totalmente inexacto."

Aunque había accedido a conversar en aquellos momentos decisivos, se requería cautela. Esperaba la cuota preliminar de información "extraoficial", y quizá algo más. Trump vestía un traje azul marino, camisa banca, gemelos de ónix y oro y una corbata con estampado carmesí. Cada hebra de su fascinante cabello —con sus colas de pato resistentes a la gravedad, su *pompadour* seco y su sospechosa falta de canas— estaba peinada a la perfección. Intentó maniobras distractoras, mientras avanzaba con su medio galón diario de Coca-Cola Light. Sí, es cierto, el final de un matrimonio es algo triste. Por lo demás, ¿estaba yo consciente del éxito que había tenido con el Desfile de las Naciones, el Día de los Veteranos, al que apoyaba de manera resuelta desde 1995? Bien. Había una pequeña cosa que me quería enseñar, un bonito certificado firmado por Joseph Orlando, presidente, y Harry Feinberg, secretario-tesorero de la sección neoyorquina de la Asociación de la Cuarta División Blindada, reconociendo la participación de Trump como gran mariscal asociado. Un millón cuatrocientas mil personas habían acudido a la celebración, me dijo, mostrándome recortes de prensa. "Ok, veo que esta nota dice medio millón de espectadores. Pero, créeme, yo escuché que hubo un millón cuatrocientos." Un recorte de *The New York Times* de días atrás confirmaba que las rentas en la Quinta Avenida eran las más altas del mundo. "¿Y quién tiene más propiedades en la Quinta Avenida? Yo." O qué tal el edificio nuevo, frente a las Naciones Unidas, donde pensaba construir un "hotel-condominio muy lujoso, un proyecto importante". ¿Quién lo financiaría? "Alguno de los veinticinco grupos interesados. Todos quieren financiarlo."

Meses antes le pregunté a Trump en quién confiaba en momentos difíciles. "En nadie. Simplemente no es lo mío", respondió. Su declaración no me sorprendió en absoluto. Los vendedores —y Trump no sería nadie si no fuera un vendedor brillante— se especializan en simular intimidad, en lugar de practicarla. En su *modus operandi,* jamás perdía de vista su objetivo: iza la bandera, jamás dudes de la premisa de que el mundo gira en torno a ti y, sobre todo, no te alejes de tu personaje. El *tour de force* de Trump —su evolución de chico adinerado y sin pulir, con contactos en los círculos políticos de Brooklyn y Queens, a producto de marca internacional— sigue siendo, sin duda, el logro más satisfactorio de su ingeniosa carrera. La algarabía patentada de Trump, su gaseoso parloteo con términos como "fantástico", "asombroso", "estupendo", "increíble" y varios sinónimos de "enorme", es un ingrediente indispensable de la marca. Además de connotar cierta calidad de construcción, servicio y seguridad —sólo Trump podría explicar, quizá, las significativas diferencias entre "súper lujo" y "súper súper lujo"—, su epónimo sugiere de modo subliminal que un edificio le sigue *perteneciendo,* incluso después de haberlo vendido en condominio.

Las paredes del centro corporativo Trump Organization están tapizadas con portadas de revistas enmarcadas, cada una con el retrato de Trump o de alguien que se le parece muchísimo. Esta profusión de imágenes —de un hombre dotado con aptitudes fuera de serie, pero que a todas luces carece del gen de la ironía— parece resumir el apetito de su propio reflejo. Su talento especial —ser "Trump" o como solía referirse a sí mismo, "el *Trumpero*",[2] inminente y ubicuo, reducido a la condición de personaje— lo exentaba de introspección.

Si las malas lenguas insinuaban que era un cornudo, era porque no habían entendido nada: la disolución del lazo nupcial era un tema económico, en su acepción más directa. Tenía un contrato prenupcial porque "si eres una persona acaudalada, lo debes tener". En palabras de su abogado Jay Goldberg, su contrato era tan "sólido como el concreto". Al parecer, a Marla le correspondía un millón de dólares, más alguna forma de pensión para los niños y su manutención. Más pronto que tarde llegaría el momento de firmar un acuerdo. Dentro de un año, ella tendría derecho a un porcentaje del valor neto. Y como lo explicó una fuente *muy cercana* a Trump: "Podría haber pasado de un monto fijo a una suma bastante grande —porque, por pequeño que sea, un porcentaje de 2.5 mil millones de dólares o algo así representa mucho dinero—, estamos hablando de algo enorme. Las cifras son mucho más grandes de lo que la gente imagina".

Las probabilidades de un matrimonio de largo plazo nunca fueron tremendamente auspiciosas. Después de todo, ¿quién era Marla Maples sino la "otra mujer" de las caricaturas de los periódicos?[3] Una aliteración salida del manual de los clichés: bomba rubia de curvas generosas y piernas hasta la barbilla; reina de concursos de belleza, actriz, modelo, cualquier cosa. Después de un par de años de riñas amorosas hábilmente coreografiadas, Donald y Marla produjeron una hija natural, a la que no pudieron resistir ponerle el nombre de Tiffany. Un par de meses antes de legitimar su unión, Marla dijo en una entrevista con la televisión que la idea del matrimonio tendía a inducir en Donald un "leve pánico", una visita del "monstruo de los miedos". Su papel, según explicó, era "trabajar con él para ayudarlo a conquistar a ese monstruo de los miedos". A dondequiera que viajaran, dijo Marla, llevaba su vestido de novia. ("Más vale. Hay que estar preparada.") La ceremonia en el Plaza, justo antes de la Navidad de 1993, tuvo un público de mil personas, aunque a juzgar por la presencia de un importante número de grandes apostadores de Atlantic City, no se trataba de una lista preferencial. El casino Taj Mahal, de Trump, conmemoró la ocasión emitiendo una ficha de cinco dólares dedicada a Donald y Marla.

La ocasión anterior, al separarse de Ivana, Trump perdió la guerra de relaciones públicas desde el primer disparo. Se retrasó un ciclo entero de 24 horas de noticias y jamás logró alcanzar a los portavoces de Ivana. Por lo demás, en un desafortunado exabrupto, le dijo a Liz Smith[4] que su esposa le recordaba a su *bête noire*, Leona Helmsley.[5] La articulista le reprochó: "¡Debería darte vergüenza, Donald! ¿Cómo se te ocurre hablar así de la madre de tus hijos?" Su único momento de gratificación sin adulterar, por decirlo así, ocurrió cuando una amiga de Marla soltó la lengua sobre su habilidad para manejar el miembro viril. El encabezado "EL MEJOR SEXO QUE HE TENIDO"—un clásico instantáneo— se considera el mejor titular a prueba de difamaciones en la historia de *The New York Post*. A primera vista, la coincidencia de aquella ruptura matrimonial con el hecho de que Trump debía varios miles de millones de dólares que no podía pagar parecería extraordinariamente desfavorable. A la luz del tiempo, la sincronía fue *excelente*. Ivana tenía la esperanza de nulificar un acuerdo postnupcial cuyo origen se podía rastrear hasta el fallecido Roy Cohn, amigo y preceptor de Donald, abogado altruista que solía sacarlo de problemas. Aunque el contrato le daba a Ivana el derecho a 14 millones de dólares, más una casa de 46 habitaciones en Connecticut, ella y su abogado decidieron pedir la mitad de la fortuna completa de Trump. A juzgar por las intempestivas declaraciones de Trump en el curso de los años, a Ivana le corresponderían 2500 millones de dólares. Sin embargo, al final no tuvo más remedio que conformarse con lo estipulado en el contrato, ya que Donald, convenientemente, parecía estar en la quiebra en ese preciso momento.

Desde luego las cosas no fueron así, según Trump. Los negocios iban mejor que nunca. Y por supuesto, quería ser justo con Marla. ¿Sólo un millón de dólares? ¡Ey! Un trato es un trato. Su sentido de lo "justo" era muy laxo:

Yo creo que es muy injusto para Marla y de hecho, para cualquiera —aunque existan ventajas, como un estilo de vida del más alto nivel— estar atada a alguien que disfruta hacer negocios y lo hace en un nivel muy alto y a gran escala. Muchas cosas lo compensan. Vives en los Mar-a-

Lagos del mundo, vives en el mejor departamento. Pero no dispongo de mucho tiempo libre, como podrás imaginar. Simplemente no tengo tiempo. No puedo hacer nada al respecto, salvo dejar de hacer lo que hago. Y para ser francos, no quiero dejar de hacerlo.

Un analista financiero que ha seguido el peregrinaje de Trump a lo largo de los años piensa que —como lo mencioné antes— "en el fondo, quiere ser Madonna". Preguntarse por qué los dioses pudieron permitir la resurrección de Trump significa confundir a una profunda trivialidad con la profundidad misma; al arte del *performance* con el arte dramático serio. El Trump International Hotel & Tower —un hotel-condominio de 52 pisos en Columbus Circle, en la estructura de la antigua torre de la Gulf & Western— se inauguró en enero de 2009 y ofrece un ejemplo perfecto de superficialidad en su máximo esplendor. El rascacielos ostenta el nombre de Trump, sin embargo, sólo es dueño del penthouse y de acciones del restaurante y del estacionamiento que recibió como parte de sus honorarios por el desarrollo del proyecto. Al parecer, no dio mayor importancia a esos detalles al expresar su punto de vista durante la ceremonia de inauguración del edificio: "Uno de los mejores edificios de Nueva York, de cualquier parte del mundo".

Ese día, los festejos incluyeron un ritual de feng-shui en el vestíbulo, gesto respetuoso dirigido al gran porcentaje de compradores asiáticos que consideran a las propiedades de Trump como un buen destino en la fuga de capitales. Publirrelacionista eficiente, Trump se movía a velocidad por el salón —una palmada en la espalda, un guiño, un dedo en la solapa, no más de un minuto con alguien que no fuera comisario de la policía, fiscal de distrito o candidato a la alcaldía— y estaba a punto de irse. Norma Foederer, su asistente ejecutiva, y dos ejecutivos más de la Trump Organization lo esperaban en un automóvil para volver a la oficina. Antes de alejarse, Trump sintió un pellizco de *noblesse oblige*: "Espera, déjame saludar a los muchachos de la Kinney",[6] dijo Trump, y se bajó del auto para felicitar a un grupo de acomodadores del estacionamiento. "Bien hecho, muchachos. Aquí tendrán empleo por muchos años." Se trata del gesto trumpeano por excelencia, que explica su popularidad entre personas que apenas se atreven a soñar con vivir en una de sus creaciones.

De vuelta a la oficina, un reportero de *The New York Times*, Michael Gordon, lo buscaba por teléfono desde Moscú. Gordon acababa de entrevistar a un artista llamado Zurab Tsereteli,[7] un hombre con un sentido de la grandiosidad similar al de Trump. Gordon quería saber si era cierto que Tsereteli y Trump planeaban construir un monumento a Cristóbal Colón en el río Hudson, dos metros más alto que la Estatua de la Libertad.

"Sí, ya está hecho, según entiendo —dijo Trump, quien se había visto con Tsereteli un par de meses antes, en Moscú—. Se ha llevado cuarenta millones de dólares en bronce, y a Zurab le gustaría que se colocara en mi desarrollo de West Side Yards —un terreno de más de 30 hectáreas llamado Riverside South—, estamos trabajando en eso."

Según Trump, la cabeza de la escultura ya se había enviado a Estados Unidos y el resto del cuerpo seguía en Moscú. La pieza completa era una donación del gobierno ruso. "El alcalde de Moscú le escribió a Rudy Giuliani para decirle que le gustaría obsequiarle esta gran obra de Zurab. Sería un honor para mí si pudiéramos ponernos de acuerdo con la ciudad de Nueva York. Estoy completamente a favor. Zurab es un tipo fuera de serie. Ese hombre es importantísimo y legítimo."

Trump colgó el teléfono y me dijo: "¿Viste lo que hice? Toda esa porquería. ¿Sabes qué? Después de saludar a cinco mil personas, creo que me voy a lavar las manos".

Norma Foederer, sin embargo, tenía otro asunto importante de qué hablar. Una agencia de conferencias de Canadá lo invitaba a dar tres charlas en tres días consecutivos, por 75 000 dólares cada una. "Además, ofrecen un jet privado, servicio de secretaria y un fin de semana en una estación de esquí", le informó.

¿Qué pensaba Trump de la invitación?

"Mi punto de vista es que si alguien está dispuesto a pagarme doscientos veinticinco mil dólares por hacer un discurso, sería una estupidez no presentarse. ¿Y sabes por qué lo haría? Porque no creo que le hayan pagado eso a nadie."

¿Sería material nuevo?

"Será nuevo para ellos."

Siguiente punto: Norma había redactado una carta para los miembros de Mar-a-Lago, invitándolos a una cena donde George Pataki[8] daría un discurso, amenizada por Marvin Hamlisch.[9] "¡Ah! A propósito del gobernador, acabo de recibir una llamada. Están filmando un nuevo video de I Love New York y querían hacer algunas tomas de Libby Pataki[10] subiendo y bajando nuestras escaleras. Les dije que por supuesto."

Jim Grau, un agente de espectáculos de Mar-a-Lago, llamó con motivo de un concierto de Carly Simon.[11] Trump puso la llamada en altavoz: "¿Lo va a hacer?"

—Bueno, faltan dos cosas, Donald. Una, le gustaría que la contactes tú. Y dos, le gustaría que se convirtiera, hasta donde sea posible, en un acto en beneficio de Christopher Reeve.[12]

—No es mala idea —dijo Trump—. ¿Va a venir Christopher Reeve? Puede usar mi avión. Entonces, ¿qué debo hacer? ¿Llamarla?

—Quiero decirte cómo logramos convencer a Carly, porque algunos de tus amigos estuvieron involucrados.

—Jim, me importa un carajo. ¿A quién diablos le importa?

—Por favor, Donald. ¿Recuerdas cuando tenías tu yate allá? Rose Styron estuvo a bordo, su esposo[13] escribió *La decisión de Sophie*.[14] Y gracias a sus buenos oficios.

—Okey. Está bien. Dales las gracias, y quizá invítalos.

Clic.

"Parte de mi problema —me dijo Trump— es que tengo que hacer muchas cosas yo mismo. Toma demasiado tiempo. Julio Iglesias va a venir a Mar-a-Lago, pero yo tengo que *llamar* a Julio, luego tengo que *almorzar* con Julio. Pavarotti va a venir. Pavarotti no canta para nadie. Es el artista mejor pagado del mundo. Un millón de dólares por concierto. Es el tipo más difícil de conseguir. Si lo llamo, lo hace, y por *mucho* menos. ¿Por qué? Porque les caigo bien, me respetan, qué sé yo."

En los años ochenta, durante el ascenso de Trump, la esencia de su arte del *performance* —una ópera bufa que parodia a la clase acomodada— abonó a su atractivo populista, lo mismo que al oprobio de las personas para quienes el espectáculo de un ego desenfrenado les parece de mal gusto. Al delinear su idea de la estética comercial, llegó a decirle a un entrevistador: "Tengo casinos ostentosos porque es lo que la gente espera… la opulencia funciona en Atlantic City… Y a veces uso un poco de brillo en mis edificios residenciales, lo que está un nivel más abajo de la ostentación". Su primer monumento a sí mismo, la Trump Tower, ubicada en la Quinta Avenida y Calle 56, abrió sus puertas en 1984, contaba con varios elementos de verdad impresionantes —una silueta dentada de 68 pisos, un patio interior de mármol italiano color salmón, equipado con una cascada de 24 metros de altura— y se convirtió en una atracción turística al instante. La idea era untar Atlantic

City de tanta ornamentación como fuera posible, con el fin de: *a)* coquetear con la fantasía de que una vida como la de Trump es posible y *b)* distraer la atención del hecho de que habían colocado un señuelo para robarte la cartera.

A veces, ni la ostentación ni el brillo pueden ocultar la realidad económica. En cierta ocasión, *The New York Times* mencionó su "roce con la bancarrota" en el pasado. Aunque feliz con el hecho de que *The New York Times* lo hubiera colocado en la primera plana, Trump se sintió ofendido por aquella frase. "Jamás —escribió en una carta dirigida al editor— [se había] declarado en bancarrota", y añadió que "jamás, en ningún momento, siquiera estuve cerca" de hacerlo. Vencida la adversidad, Trump asumía su prerrogativa de escribir la historia.

En los hechos, no sólo se vio en aprietos hacia 1990, sino que saltó a los números rojos de una manera alarmante, según cualquier parámetro racional. Infectados por ese optimismo promiscuo que hizo de la década de los ochenta algo tan memorable y tan olvidable, sus amigos banqueros financiaron las pulsiones adquisitivas de Trump hasta por 3 750 000 dólares. La parte garantizada con la fortuna personal de Trump —casi mil millones— representaba el valor de la buena voluntad de Trump, su solvencia putativa y su capacidad de vergüenza. La reestructuración de la deuda comenzó en la primavera de 1990 y se extendió a lo largo de varios años. Durante el proceso, 600, 700, quizá 800 millones de dólares de sus acreedores se esfumaron y terminaron en dondequiera que vaya a dar el dinero perdido. En Estados Unidos no hay nada semejante a una cárcel para deudores y esta historia no tiene una moraleja nítida.

Varios de los trofeos de Trump —el Plaza y sus tres casinos en Atlantic City— fueron objeto de una "quiebra prenegociada", menos costosa que la total. Para expedir una licencia de juegos de azar, el Acta de Control de los Casinos de Nueva Jersey requiere "estabilidad financiera", por lo que resulta inevitable inferir que las propiedades de Trump en Atlantic City estaban en riesgo. Sin embargo, él prefiere usar la palabra *blip*,[15] como en la frase: "Y el mercado, como bien sabes, se puso mal y vino ese *blip*".

Trump comenzó a planear su retorno antes de que lo hiciera el resto del mundo —tal vez, incluso, él mismo— al darse cuenta, cabalmente, de la gravedad de su situación. En abril de 1990 le reveló al *Wall Street Journal* su plan de vender ciertos activos y convertirse en "el rey del dinero en efectivo", una estrategia que, en principio, abriría paso a una astuta cacería de gangas. Ese mes obtuvo del Bankers Trust[16] los últimos 25 millones de dólares de una línea de crédito personal, sin garantía, por 100 millones de dólares. Siete semanas más tarde dejó de pagar una deuda de 43 millones de dólares a los propietarios de bonos del Trump Castle Casino, y se saltó un pago de 30 millones de dólares de intereses a los aproximadamente 150 bancos preocupados por su bienestar. Un ejército de abogados especialistas en el manejo de insolvencia comenzó a acampar en varias de sus salas de juntas.

Disipar el *blip* implicó, entre otros sacrificios, la pérdida de control gerencial del Plaza, la entrega de los títulos del Trump Shuttle (la antigua ruta Boston-Nueva York-Washington de Eastern Airlines) y la pérdida de unas torres gemelas de 32 pisos de condominios cerca de West Palm Beach, Florida. También se despidió del *Trump Princess,* su yate de 84 metros de eslora y de su Boeing 727. Los valuadores hicieron un inventario del contenido de la Trump Tower. Todo, prácticamente, fue objeto de derechos de retención, salvo los trajes Brioni[17] de Trump. Quizá la máxima humillación haya sido verse obligado a respetar un tope de 450 000 dólares de gastos personales al mes.

Desde el punto de vista táctico y del buen gusto, hubiera sido sabio limitar su asombrosa proclividad a la exaltación de sí mismo mientras sus acreedores perdían grandes tramos de su portafolio. Durante un par de años su bravuconería disminuyó un poco —en gran medida porque la prensa dejó de prestarle atención—, pero hacia 1993 ya estaba declarando: "Éste ha sido el año más exitoso de mis negocios". Desde entonces, cada año ha hecho la misma declaración. En 1996 apareció una avalancha de artículos sobre un retorno trumpeano, muchos coincidieron, oportunamente, con su cumpleaños número 50.

En octubre de 1996, Trump se hizo de una suma que para cualquier mortal resultaría fabulosa. Vendió su mitad del Grand Hyatt de la Calle 42 a los Pritzker,[18] de Chicago, sus muy antiguos y muy hostiles socios en el

proyecto, por 142 millones de dólares. Aunque no se quedó
con la mayor parte de las ganancias, 25 millones de dólares fueron a dar a su bolsillo. Lo más significativo de la
venta del Grand Hyatt es que le permitió a Trump fini-
quitar su monstruosa deuda personal. Cuando *Forbes* publicó su lista anual de los 400 estadounidenses más ricos,
ingresó a hurtadillas (en la posición 373) con una fortuna
neta de 450 millones. Sin embargo, Trump llevó a cabo
su propio avalúo, sin hacerlo auditar y se mostraba dispuesto a compartirlo con la graciosa advertencia: "Jamás
le he mostrado esto a un reportero". Según sus cálculos, el
valor real de su fortuna era de 2.25 mil millones de dólares —*Forbes* lo había subestimado 80 por ciento—. Aun
así, ya se había reincorporado a las filas de la plutocracia,
era su primera aparición desde el *blip*.

Jay Goldberg[19] —que además de llevar los asuntos ma-
trimoniales de Trump, lo representó en la negociación del
Gran Hyatt— me comentó que, al cerrar el trato, su cliente
le confesó que la novedad de vivir sin deudas le quitaba el
sueño. Cuando le pregunté a Trump al respecto, me dijo:
"El endeudamiento es un fenómeno increíble. Me encanta
estar endeudado. Además, nunca he sido de mucho dormir". Trump ni bebe ni fuma, dice que jamás ha probado
una taza de café. Al parecer, funciona de acuerdo con las
leyes inversas de la lógica y el metabolismo. Lo que para
la mayor parte de la gente podría ser un estímulo desagra-
dable —deber mucho a prestamistas que al menos en un
sentido figurativo pueden hacerte pedazos— provoca en él

un efecto narcótico, tranquilizante. En cualquier caso, ésa es la impresión que Trump busca proyectar, aunque sea irrelevante. Los banqueros, que no son característicamente la especie más perspicaz del mundo, de vez en cuando le rezan a Dios y dudo que haya muchos dispuestos a hacer fila para lanzarle millonadas a Trump.

Cuando me reuní por primera vez con Trump, se propuso familiarizarme con datos que para su desconcierto habían permanecido obstinadamente lejos de la luz pública. En varias ocasiones lanzó la frase "es extraoficial, pero lo puedes usar". Entendía las implicaciones —yo era su instrumento—, pero no le veía el caso. "Si salgo diciendo estas cosas, aunque sean ciertas, me veré como un idiota", explicó. Entonces, ¿cómo explicar la grandilocuencia de las dos décadas anteriores? Alair Townsend, ex vicealcaldesa en la administración de Koch, llegó a decir: "No le creería a Donald Trump, aunque su lengua estuviera notariada". Con los años, ese agudo comentario se le atribuyó a Leona Helmsley, quien gustosamente asumió el equívoco. Cuando en noviembre de 1996 Evander Holyfield[20] le ganó a Mike Tyson[21] en una pelea por el título de peso pesado, Trump declaró a *New York Daily News* que había ganado 20 millones de dólares apostando un millón a Holyfield. De inmediato, *New York Post* realizó algunas llamadas a los corredores de apuestas de Las Vegas, que confirmaron —¡para asombro de todos!— que nadie había manejado una apuesta de ese tamaño y que no hubo apuestas siquiera cercanas al 20 a uno. Trump no parpadeó, simplemente se desplazó a su siguiente gran idea.

"No creo que la gente esté consciente de qué tan grande es mi empresa —me dijo Trump—. Por alguna razón, conocen a Trump, la celebridad. Pero soy el constructor más grande de Nueva York. Y el más grande en el negocio de los casinos. No está nada mal ser el más grande en ambos campos. Entonces, es mucho." Habló del número 40 de Wall Street —"realmente uno de los edificios más hermosos de Nueva York"—, una construcción histórica de 72 pisos que estaba remodelando. Dijo que era dueño de la entonces nueva tienda Niketown, en la planta baja de la Trump Tower, que estaba en proceso de negociación para convertir al hotel Mayfair, en Calle 65 y Park Avenue, en "apartamentos de súper súper lujo… pero es algo pequeño". Era dueño del terreno del Ritz-Carlton, en Park Avenue. ("Es chiquito. Nadie sabe que soy dueño de eso. En cierta forma, no he sido bien comprendido.") Al adquirir la cadena televisiva CBS se convirtió en dueño de los concursos de belleza Miss USA, Miss Teen USA y Miss Universo. Señaló una pila de papeles sobre su escritorio: documentos relacionados con la Trump International Hotel & Tower.

Mira esos contratos. Llegan todos los días, para firma. He firmado cientos. Aquí hay un contrato por dos punto dos millones de dólares. Es un edificio que ni si quiera se ha inaugurado y ya se vendió ochenta y tres por ciento. Nadie sabe que está allí. Tengo que firmar veintidós veces cada contrato, ¿crees que es fácil? Los compradores quieren mi firma. Tenía a alguien que firmaba por mí, pero los compradores se molestaban al cerrar el trato. Me dije, ¿sabes qué? Esta gente está pagando un millón ocho, un millón siete, dos millones nueve, cuatro millones uno, por esos montos firmo el jodido contrato. Entendí. Me jodo. Sólo tengo que trabajar más.

Es cierto que Trump no tiene rival como empresario de bienes raíces. Sin embargo, su aseveración de ser el *constructor* más grande de Nueva York supondría una definición muy elástica del término. Varios constructores activos —entre ellos los Rudin,[22] los Rose[23] y los Milstein—[24] han añadido más espacio residencial y comercial al mercado de bienes raíces de Manhattan y han conservado, históricamente, lo que construyen. Si incluyéramos a las afueras de Nueva York en el cálculo —y si no permitimos que Donald se atribuya los conjuntos residenciales de familias de ingreso medio que hicieron la fortuna de Fred, su padre—,[25] su calificación bajaría aún más. Ahora bien, si el parámetro se limita al número de edificios que ostentan el nombre "Trump", Donald domina el campo. El arte de la "propiedad de la imagen" desplazó al tan alabado arte de la negociación de Trump. Al dar la impresión de controlar activos que no son necesariamente suyos —al menos no en la forma que sugieren sus declaraciones—, ejercita su verdadero talento: el uso de su nombre

como una suerte de crédito. "Es de ascendencia alemana
—ha dicho—. Nadie sabe realmente de dónde viene. Es
poco común, pero es un buen nombre."

Su papel en la renovación de la Trump International
Hotel & Tower se parece más, de hecho, al de un pro-
motor-corredor que al de un emprendedor arriesgado.
En 1993, el fideicomiso General Electric Pension Trust
adquirió el edificio a través de una ejecución hipotecaria
y contrató a la Galbreath Company, empresa internacional
de manejo de bienes raíces, para que emitiera una reco-
mendación para rescatar la hipoteca del rascacielos, prácticamente vacío y con una molesta tendencia a mecerse
con el viento. En eso llegó Trump, con la propuesta de
una sociedad de riesgo de tres partes. General Electric pondría todo el capital —275 millones de dólares—, Trump
y Galbreath, sus conocimientos. Desde el punto de vista
del mercado, el momento no podría ser más oportuno.
Cuando Trump sacó la cuenta de sus ganancias y calcu-
ló que su parte valía más de 40 millones de dólares, perdió
el control de sí mismo y publicó varias inserciones que
anunciaban "la más exitosa torre de condominios jamás
construida en Estados Unidos".

Otro ejemplo, menor, de la propiedad de su imagen es
su tan alardeada "mitad de los derechos" sobre el Empire
State Building, que adquirió en 1994. La inversión inicial
de Trump —ni un solo centavo— equivale a las ganancias
que a la fecha ha obtenido. Al parecer, sus socios, la hija
ilegítima y el desprestigiado yerno de un multimillonario

japonés todavía más desprestigiado, llamado Hideki Yokoi,[26] pagaron 40 millones de dólares por el edificio, aunque los títulos lucen nebulosos, incluso en un día soleado. De acuerdo con los términos de los contratos de arrendamiento de 1961, el edificio está administrado por una sociedad controlada por Peter Malkin y los herederos del difunto Harry Helmsley. Los propietarios reciben casi 90 millones de dólares al año de los inquilinos del edificio, pero sólo están obligados a pagar a los arrendadores (los socios de Trump) 1 900 000 dólares. Trump no participa de estas ganancias y los contratos expiran en 2076. Su "propiedad" sólo adquiriría valor si encuentra la forma de rescindir esos contratos. Su estrategia —demandar al grupo Malkin-Helmsley por 100 millones de dólares, bajo la premisa de que, entre otras cosas, se han violado los términos de los contratos de arrendamiento al permitir que el edificio se convierta en un tugurio comercial "infestado de roedores"— ha resultado infructuosa. En febrero de 1997, un hombre armado asesinó a un turista e hirió a seis personas antes de dispararse a sí mismo en el piso 86 del edificio. Era de esperarse que Trump, siempre alerta, aprovechara la tragedia. Y lo hizo: "Leona Helmsley debería de estar avergonzada", declaró a *New York Post*.

Un día, Trump recibió en su oficina la llamada de un banquero, especialista en inversiones. El intercambio fue opaco y cuando colgó le pedí que me lo explicara.

—Hago que el mundo sea aún más complicado —me dijo.

—¿Perdón?

—Siempre conviene hacer las cosas del modo más complicado posible para que nadie entienda qué hiciste.

Un ejemplo. La percepción general es que Trump es el único visionario y el maestro constructor detrás de Riverside South, un mega desarrollo en el antiguo Penn Central Yards, al oeste de Manhattan. Trump comenzó a interesarse por la propiedad en 1974 y obtuvo una opción de compra en 1977, dejó que caducara en 1979 y volvió a entrar en escena en 1984, cuando el Chase Manhattan le prestó 84 millones de dólares para la compra de terrenos y gastos de construcción. En años siguientes, Trump lanzó diversas propuestas paquidérmicas, con diferentes dosis de espacios residenciales y comerciales, invariablemente de una densidad excesiva. "La zonificación, para mí, es un proceso de vida —me dijo Trump—. La zonificación es algo que he hecho y al final siempre logro, porque la gente entiende lo que estoy pidiendo y sabe que será de la mejor calidad." De hecho, el consenso entre los vecinos de la zona que estudiaron los diseños de Trump fue que no entendían qué estaba pidiendo. Un falo exótico y trivial de 150 pisos —"el edificio más alto del mundo"— era la pieza central de su proyecto más vilipendiado.

El pasaje más extraño de esta historia bizantina comenzó a fines de los años ochenta, cuando diversos grupos de ciudadanos airados se unieron para oponerse a Trump. Contrataron a sus propios arquitectos y propusieron un plan alternativo de mucho menor escala. Los grupos de ciudadanos pretendían convencer al Chase Manhattan, que detentaba la hipoteca de Trump, de apoyarlos para contratar a un constructor capaz de arrebatarle la propiedad a su némesis. Para su consternación y azoro, los grupos descubrieron que había un constructor dispuesto a considerar su diseño: Trump. Con el tiempo, la llamada "alternativa ciudadana" se convirtió, para la opinión pública, y gracias a la insistencia de Trump, en *su* propuesta: se apropió de la idea.

En 1994 un grupo de inversionistas asiáticos liderados por Henry Cheng, de New World Development Company de Hong Kong, se dio a la tarea de conseguir financiamiento para llevar a cabo la construcción. El hecho transformó el papel de Trump y convirtió su participación en una forma glorificada de contribución con trabajo; a cambio de honorarios pagados por el grupo de inversionistas, el personal de la Trump Organization colaboraría con un equipo de New World para monitorear la construcción, que ya había comenzado, y desarrollar diseños, zonificación y planificación de las etapas por venir. Según el acuerdo, Trump comenzaría a percibir ganancias una vez que New World hubiera recuperado su inversión más los intereses —25 años, por lo menos, después de haber posado su codiciosa mirada en la zona de ferrocarriles de Penn Central—. De acuerdo con las declaraciones, sin auditar, del propio Trump acerca del valor de su fortuna —donde identifica al Riverside South como "Trump Boulevard"—, él es "dueño de treinta a cincuenta por

ciento del proyecto, dependiendo del desempeño"—. Más
que una participación como tal, la "propiedad" de Trump
se refiere a las ganancias potenciales. Trump le atribuyó
un valor de 600 millones de dólares a este activo, altamente provisional.

Desde luego, el Trump del "retorno" es el mismo de los
años ochenta; no hay un "nuevo" Trump, como nunca
hubo un "nuevo" Nixon. Más bien, siempre ha habido
varios Trump: el adicto a la hipérbole, que tergiversa por
diversión y en beneficio propio; el experimentado constructor cuya atención al detalle asombra a sus socios; el
narciso, cuyo ensimismamiento contradice, sin embargo,
su mortífera capacidad para explotar las debilidades de los
demás; el perpetuo adolescente de 17 años[27] que vive en
un mundo de suma cero, donde sólo hay ganadores y "perdedores totales", amigos leales y "completos canallas"; el
insaciable cazador de publicidad que a diario corteja a la
prensa, a cuyos mensajeros, sin embargo, califica como "basura humana" si no le gusta lo que publican; el presidente
y principal accionista de una empresa pública de miles de
millones de dólares, incapaz de resistir la tentación de pro-
nosticar ganancias en exceso optimistas y que no llegan a
materializarse, lo que merma el valor de su inversión; en
resumen, un hombre a la vez resbaloso e ingenuo; calcu-
lador hábil, ciego, sin embargo, ante las consecuencias.

Los detractores más cáusticos de Trump en el medio de
los bienes raíces de Nueva York lo descalifican como un

"operador de casinos de Nueva Jersey", es decir, "no es siquiera uno de los nuestros". El escarnio se debe al resentimiento provocado porque su rescate —su estrategia para mantener en el mercado a los bienes inmuebles "Trump"— se debe a su habilidad para obtener dinero de Atlantic City. En ningún otro sitio la imagen de Trump se resume como en Atlantic City; allí es donde, de hecho, la alquimia trumpeana —transformar el dinero de otras personas en su propia riqueza— se manifiesta de la manera más estruendosa.

A pesar de que la obligación de rendir cuentas a los accionistas no se dé en él de manera natural, Trump convirtió a sus casinos en empresas públicas como parte de su rescate bancario. Dentro de la Trump Organization se habla, por ejemplo, del "factor Donald": de tres a cinco dólares por acción que Wall Street supuestamente descuenta a Trump Hotels & Casino Resorts, en vista de sus fanfarronadas e imprevisibilidad. La primera oferta pública de acciones, lanzada en junio de 1995, logró reunir 140 millones de dólares a 14 dólares por acción. En menos de un año, una nueva oferta de 31 dólares por acción recaudó otros 380 millones de dólares. La participación personal de Trump en la empresa se acerca a 40 por ciento. Como presidente, a Donald le fue de maravilla en 1996, con un salario de un millón de dólares, otro millón por "servicios" diversos y una bonificación de cinco millones. Como accionista, sin embargo, le fue notoriamente menos bien. Las acciones que inicialmente valían

35 dólares, un año después valían cerca de 10. A pesar de la insistencia de Trump en que las cosas nunca le habían funcionado tan bien, Trump Hotels & Casino Resorts tuvo que lidiar con diversas responsabilidades legales, para comenzar, una deuda de bonos-basura de 1 700 millones de dólares. En 1996, las pérdidas de la empresa fueron de tres dólares 27 centavos por acción, atribuibles, al menos en parte, a gastos extraordinarios. Pero también al hecho de que la industria de juegos de azar en Atlantic City dejó de crecer. Y, de modo más evidente, al peso del Trump Castle, que sufrió una disminución de ingresos de 10 por ciento, la peor en cualquier casino de Atlantic City.

En octubre de 1996, el Trump Castle, una empresa fuertemente endeudada que había arrojado pérdidas de modo consistente y de la que Trump era propietario exclusivo, se incorporó a Trump Hotels por medio de una transacción que le generó 5 837 000 dólares de acciones. En dos semanas —con ayuda del cálculo de reducción del rendimiento de un analista reconocido—, el valor de las acciones, que se venía erosionado desde la primavera, comenzó a bajar con aun mayor celeridad, lo que provocó una demanda legal por parte de los accionistas, que acusaron a Trump de cometer actos en su propio beneficio, "violando gravemente sus deberes fiduciarios". En ese momento, Trump comenzó a buscar un socio. El plan de negocios ideado por Trump proponía que Colony Capital, una hábil empresa de bienes raíces de Los Ángeles, comprara 51 por ciento del Trump Castle a un precio que parecía reivindicar los términos en los que la empresa se hizo pública. Un análisis más detenido revela, sin embargo, que la inyección de capital le conferiría a Colony Capital acciones preferenciales de alto rendimiento, en lugar de acciones ordinarias, en otras palabras, se trataba más de un préstamo que de una inversión. *Trump-l'oeil:*[28] en lugar de intentar persuadir al mundo de que era dueño de algo que no era suyo, quiso dar la impresión de que soltaría un bien oneroso, aunque para todo fin práctico siguiera siendo suyo. En cualquier caso, la negociación se deshizo en marzo de ese mismo año. Siempre fiel a su personaje, Trump declaró que había sido él, y no Colony, quien había cancelado el trato.

A corto plazo, Trump intentó resolver los problemas del Trump Castle con un ajuste cosmético de cuatro millones de dólares. El supuesto "cambio de tema" culminó en junio: el casino se llamaría ahora Trump Marina. Un día, ese invierno, acompañé a Trump a una junta con Nicholas Ribis, presidente y CEO de Trump Hotels, y varios ejecutivos de Trump Castle en Atlantic City, con motivo del "cambio de tema". La discusión abarcó desde el tamaño de los letreros en el exterior del edificio hasta el centelleante granito gris del *lobby*, el levantamiento de planos de futuros proyectos, por ejemplo, una torre o un yate llamado *Miss Universo* que atracaría de manera permanente en el casino. ¿Por qué un yate? "Sólo es una atracción turística —explicó Trump—. Eso formaría parte del proyecto de expansión, fase dos, o tres. Será el yate más grande del mundo."

Tras la junta para discutir el "cambio de tema", nos dirigimos al casino. En el trayecto, Trump recibió cálidos saludos de la gente. Una mujer de cabello blanco que vestía un traje deportivo color rosa y cargaba una cubeta llena de monedas de 25 centavos, le dijo: "Señor Trump, simplemente le adoro". Respondió: "Gracias. Yo también te adoro". Entonces me volteó a ver y me dijo: "Verás, son buenas personas. Me gusta la gente. Tienes que ser amable. Son como amigos".

El Trump Castle tenía 2 239 máquinas tragamonedas, entre las que se contaban, en una esquina apartada, 13 artilugios levemente espantosos, réplicas, a punto de develarse, de las que aparecen en *Wheel of Fortune*.[29] Habían acudido al casino representantes de la empresa International Game Technology (fabricante de las máquinas), un séquito de periodistas que, dado el número, serían la envidia de una conferencia de prensa sobre una inminente invasión, estilo Grenada,[30] y alrededor de 200 curiosos, todos atraídos por la posible presencia de Vanna White, la *doyenne* de *Wheel of Fortune*. La llegada de Trump generó una satisfactoria cantidad de expresiones de asombro por parte de los mirones, aunque no el estallido espontáneo de aplausos que recibió Vanna, contratada como "primer detonador de la ceremonia".

Al dirigirse al público, Trump dijo: "Éste es el inicio de una nueva generación de máquinas". Vanna accionó la manivela, pero debido al tumulto de los reporteros resultaba imposible saber qué estaba pasando o de qué denominación era la moneda que había sacrificado. A juzgar por la composición demográfica del público, la máquina más eficiente sería la que permitiera el depósito directo de cheques de la Seguridad Social. Tras una pausa, durante la que se escuchó una cacofónica música digital, la máquina escupió algunas monedas. Trump dijo: "Damas y caballeros, fue un poco tardado. Esperamos que no lo haya sido tanto para ustedes. Sólo queremos darles las gracias por ser nuestros amigos". Y nos fuimos en seguida. "Esto es lo que hacemos. ¿Qué te puedo decir?", me dijo Trump mientras nos dirigíamos a la salida del casino.

Estaba programado que Vanna White tomara el helicóptero con nosotros, de regreso a Nueva York. Mientras sobrevolábamos Long Island City, rumbo al helipuerto del este de Manhattan, Trump le dio un pequeño abrazo a Vanna y —no fue la primera vez— la felicitó por su célebre giro de la rueda en Trump Castle. "Para tratarse del estreno de trece máquinas tragamonedas, creo que no nos fue tan mal el día de hoy", le dijo y chocaron las palmas de sus manos en el aire.

En una entrevista con *Playboy* de 1990, Trump dijo que el yate, los ostentosos casinos, la Trump Tower y su bronce centelleante eran parte de "la utilería del show" y añadió que el "show es 'Trump' y está agotado en todas partes". En 1985, el show se trasladó a Palm Beach. Trump pagó 10 millones de dólares por Mar-a-Lago, un castillo véneto-hispánico-morisco construido en los años veinte por E. F. Hutton[31] y Marjorie Merriweather Post[32] en un terreno de 70 hectáreas que abarca del océano Atlántico al lago Worth. Desde entonces no han cesado los meticulosos trabajos de restauración de la propiedad y su literal recubrimiento con chapa de oro. El invierno de 1995-96 marcó la primera temporada de Mar-a-Lago como empresa comercial: club privado con una cuota de membrecía de 25 000 dólares (más tarde subió a 50 y luego a 75). La activa combinación del pedigrí post-Hutton con la administración Trump creó el paradigma de cómo una dinámica, agresiva devoción al buen gusto, inevitablemente se transmuta en mal gusto dejando algo de dinero en el camino.

Sólo Trump y algunos subordinados suyos saben quién de los más de 300 miembros de Mar-a-Lago pagó realmente la membrecía y cuánto ha pagado cada quién por el privilegio. A lo largo de los años, periódicamente, ha habido fugas de información por parte de un misterioso y anónimo portavoz de la Trump Organization, sobre asuntos como que un miembro de la familia real británica piensa comprar un *pied-à-terre* en la Trump Tower. De allí que durante los primeros esfuerzos de promoción de Mar-a-Lago a nadie sorprendiera que Trump anunciara que la princesa y el príncipe de Gales se habían inscrito al club, a pesar de su mutua antipatía. ¿Existía algún documento? Bueno, eh… Chuck y Di son miembros *honorarios*. Entre los miembros honorarios que aún no han cruzado la puerta de Mar-a-Lago se cuentan Henry Kissinger y Elizabeth Taylor.

Un fin de semana descubrí que la manera más directa, aunque quizá no la más serena, de viajar a Mar-a-Lago era el 727 de Trump, la aeronave a la que debió renunciar durante el *blip* y que había vuelto a adquirir, tras un intervalo casi decente. Entre los que viajaron conmigo estaban Eric Javits, abogado y sobrino del difunto senador Jacob Javits,[33] que pidió que lo llevaran; Ghislaine Maxwell, hija del difunto magnate de la industria editorial, aunque mal nadador, Robert Maxwell,[34] que también pidió que la llevaran; Matthew Calamari, guardaespaldas del tamaño de una caseta de teléfonos, jefe de seguridad de la Trump Organization, y Eric Trump, hijo de Donald, de 13 años.

Las llaves y herrajes de oro macizo (lavamanos, hebillas de los cinturones de seguridad, bisagras, tornillos), el bar y la despensa, bien abastecidos, la cama, tamaño *queen*, el bidet (sobre el que se podía colocar una funda acolchada de cuero, en caso de turbulencia repentina) sugerían posibilidades hedonistas —el avión solía trasladar a grandes apostadores a Atlantic City—, aunque sólo fui testigo de una sana diversión. Aún no despegábamos cuando Trump decidió ver una película. Traía *Michael*,[35] de reciente estreno, pero a los 20 minutos de haber introducido la cinta a la videocasetera se aburrió y la cambió por una de sus favoritas, un festival de golpes de Jean Claude Van Damme llamado *Bloodsport*, que le parecía una "increíble y fantástica película". Le asignó a su hijo la tarea de adelantar la cinta y pasar por alto el planteamiento de la trama —su objetivo era "reducir la película, de dos horas a cuarenta y cinco minutos"—, eludió el sopor a base de aplastamientos de nariz, ablandamientos de riñón y porrazos en las espinillas. En el momento en el que uno de los malos, pero fornidos, a punto de aplastar a uno de los buenos, de talla normal, recibió un golpe fulminante al escroto, me reí. "¡Admítelo, te estás riendo! —vociferó Trump—. Sé que te gustaría escribir que Donald Trump estaba fascinado con esta ridícula película de Jean Claude Van Damme, pero ¿estás dispuesto a incluir que también la estabas disfrutando?"

En la pista de aterrizaje de Palm Beach nos recibió un pequeño convoy de limusinas. A lo largo del viaje a Mar-a-Lago, Trump habló con entusiasmo del campo de golf, "espectacular, de clase mundial", que pensaba construir en un terreno del gobierno local, justo frente al aeropuerto. Trump, por cierto, es un diestro golfista. Una fuente muy cercana a él —con lo que quiero decir que es extraoficial, pero lo puedo usar— me dijo que Claude Harom, antiguo ganador del torneo Masters y golfista profesional del club Winged Foot de Mamaroneck, Nueva York, durante 33 años, alguna vez dijo que Donald era "el mejor jugador de fin de semana" que jamás haya visto.

El único acto formal en la agenda de Trump ya había comenzado. Cada año, el editor de *Forbes* invita a 11 poderosos empresarios a Florida, donde pasan un par de noches en el *Highlander*, el yate de la compañía; pasan el día palpándose astutamente los cerebros entre sí y midiendo los golpes cortos del otro. También se había invitado a un grupo adicional de escépticos del impuesto sobre las ganancias de capital a una cena, el viernes, en el salón de baile de Mar-a-Lago. Trump llegó después de que se había servido la entrada de pato a las brasas y antes de la ensalada de portobello asado, tomó asiento junto a Malcolm S. (Steve) Forbes, Jr., antiguo candidato a la presidencia por el Partido Republicano y director ejecutivo de *Forbes*, en una mesa que incluía a los *grands fromages* de Hertz, Merrill Lynch, el Grupo CIT y Countrywide Credit Industries. En una mesa cercana, Marla Maples Trump, de regreso de un viaje a Shreveport, Louisiana, donde había ensayado su papel como copresentadora del concurso Miss USA, discutía de política global y hábitos de sueño de Tiffany, de tres años, con los directores ejecutivos de AT&T, Sprint y Office Depot. A la hora del café, Donald les aseguró que todos eran personas "muy especiales" para él, que quería que consideraran a Mar-a-Lago como un hogar y que eran bienvenidos a usar el spa sin costo alguno al día siguiente.

Tony Senecal, antiguo alcalde de Martinsburg, Virginia Occidental, mayordomo de Trump e historiador en residencia de Mar-a-Lago, me dijo: "Algunos de los trabajos de restauración que se están haciendo aquí son tan sutiles que no parecerían de Trump". La sutileza, sin embargo, no es el concepto dominante. Jay Goldberg solía retirarse una semana al año con su esposa en Mar-a-Lago, para descansar del manejo de los asuntos legales de Trump. Soportaba los tapices, los murales, los frescos, las estatuas aladas, el retrato tamaño natural de Trump (titulado "El visionario"), los samovares del tamaño de una bañera repletos de flores, las columnas corintias, los techos a más de 10 metros de altura, los candelabros deslumbrantes, la marquetería, la hoja de oro sobre todas las cosas, me dijo Goldberg, pero lo sacó de quicio una pequeña fruta.

"Estábamos sitiados por un equipo de veinte empleados, incluido un lacayo. Ni siquiera sabía lo que era un lacayo, llegué a pensar que se trataba de una suerte de podólogo[36] —me dijo—. En cualquier caso, a donde volviera la vista había un frutero con fruta fresca. Bueno, pues ahí estoy, en nuestro cuarto y decido ir al baño a orinar. De paso, tomo una naranja china y me la como. Cuando salgo del baño, *habían remplazado la naranja china*."

En cuanto al spa de Mar-a-Lago, el ejercicio aeróbico es una actividad en la que Trump participa "lo menos posible", por lo que decidió no involucrarse en la microadministración de sus asuntos cotidianos. A cambio, compró un lugar en Texas llamado Greenhouse Spa, conocido por sus expertos en envoltura en barro, drenaje linfático manual, reflexología, shiatsu, masaje hawaiano con piedras calientes, exfoliaciones con estropajos, masajes con sal de mar, aromaterapia, acupuntura, baños de lodo y baños en tinas japonesas. Al parecer, el concepto de bienestar de Trump hunde sus raíces en la creencia de que la exposición durante periodos prolongados a las jóvenes y excepcionalmente bellas empleadas del spa genera voluntad de vivir en la clientela masculina. En consecuencia, Trump limita su papel al derecho de veto en contrataciones clave. Mientras me daba un recorrido por la sala de ejercicio principal, donde Tony Bennett[37] —designado "artista en residencia", cada temporada ofrece un par de conciertos en Mar-a-Lago— usaba la banda caminadora, Trump me presentó a "nuestro médico en residencia, la doctora Ginger Lea Southall", quiropráctica recién egresada de la universidad. Cuanto estuvimos lo suficientemente lejos para que Ginger no nos escuchara, le pregunté a Trump dónde había estudiado. "No estoy seguro —respondió—. ¿La Escuela de Medicina de *Baywatch*?[38] ¿Te suena? Seré franco, cuando vi la foto de la doctora Ginger, no me hizo falta revisar su currículum, ni el de nadie más. Si estás preguntando si se pasó quince años estudiando en Mount Sinai,[39] la respuesta es no. Y te diré por qué: porque al final de esos quince años de Mount Sinai, no la íbamos a querer ni mirar."

Sucede que mi visita coincidió con la época más fría del invierno, lo que me ofreció un buen pretexto para retirarme, en intervalos frecuentes, a mi suite de mil dólares la noche y ocultarme bajo las cobijas en posición fetal. Así me encontraba hacia las diez y media de la noche del sábado cuando Tony Senecal me llamó al salón de baile. Los muebles del banquete de *Forbes*, de la noche anterior, habían sido cambiados. Ahora sólo había una hilera de sillas al centro del salón y un par de mesas bajas. Disposición que significaba que Donald y Marla se preparaban para una cena tardía frente a la televisión. Ya habían ido al cine con Eric, Tiffany, algunos amigos y los guardaespaldas. Una pantalla diseñada para escenarios de teatro descendió del techo para que pudieran ver la transmisión *pay-per-view* de la pelea por el campeonato peso wélter junior entre Óscar de la Hoya y Miguel Ángel González.

Marla comía algo verde, Donald había pedido su platillo favorito: pastel de carne y puré de papas. "Tenemos un chef que hace el mejor pastel de carne del mundo —afirmó—. Es tan bueno que le pedí que lo incluyera en el menú. Y desde entonces la mitad de la gente lo pide, siempre que lo tenemos. Pero después, si les preguntas qué comieron, lo niegan."

Trump no sólo es aficionado al box, sino promotor ocasional; periódicamente organiza grandes peleas en sus hoteles de Atlantic City. Cuando asiste en persona, se acerca a los boxeadores para desearles suerte y siempre lo reciben con calidez, salvo una ocasión en la que Andrew Golota, el pintoresco polaco acostumbrado a dar cabezazos y golpes de conejo, lo recibió con desafecto. Eso fue justo antes de que Golota se subiera al ring para enviar a Riddick Bowe al retiro, aunque lo descalificaron por una serie de golpes que hubieran sido perfectamente legales en *Bloodsport*.

"Golota es un asesino —dijo Trump con admiración—. Un asesino puro y duro."

Le pregunté a Marla qué opinaba del boxeo y me dijo: "Lo disfruto mucho, siempre y cuando nadie se lastime".

Cuando entró la llamada de Aleksandr Ivanovich Lebed —general retirado, boxeador amateur e incansable aspirante a la presidencia de Rusia— para anunciar que venía en camino a Nueva York y quería organizar una reunión, a Trump le dio gusto, aunque no pareció sorprendido. La lista de estrategas geopolíticos y líderes de superpotencias con los que Trump ha interactuado de manera franca y fructífera incluye a Mikhail Gorbachov, Richard Nixon, Jimmy Carter, Ronald Reagan, George Bush, el antiguo secretario de Defensa William Perry y la junta completa de jefes del Estado Mayor de Estados Unidos. (También es amigo de Sylvester Stallone y Clint Eastwood, hombres que disfrutan de la compañía de otros hombres con reputación internacional por el número de bajas que se les atribuye.) En 1987, aún fresco su mayor golpe publicitario —la reparación, en tres meses y medio, sin presupuesto y sin honorarios, de la pista de patinaje en hielo Wollman, en Central Park, una obra que ya le había costado a la ciudad de Nueva York seis años y 12 millones de dólares—, Trump soñaba con darse a conocer a una escala más grande como hacedor de proyectos y negociador hábil. Una artimaña consistía en conseguir una "invitación" del gobierno federal para examinar el puente de Williamsburg,[40] que se estaba cayendo a pedazos. Trump no estaba realmente interesado en el trabajo, pero pasearse por el puente con casco de albañil, frente a las cámaras, atizó su fantasía de reconstruir la infraestructura entera de la ciudad. De allí a salvar el planeta sólo había un paso. ¿Qué ocurriría si un provocador como Muamar el Gadafi tuviera acceso a un arsenal de armas nucleares? Bueno, declaró Trump, estaba listo para trabajar con los líderes de la Unión Soviética para coordinar la manera de sobreponerse a esos lunáticos con delirios de Armagedón.

El propósito evidente del viaje de Lebed a Estados Unidos —una visita extraoficial que coincidía con el segundo discurso inaugural de Clinton— era darle una textura humana a su imagen de tipo rudo y llano. Y a la vez, sus perspectivas políticas domésticas podrían mejorar si los votantes soviéticos recibieran el mensaje de que los capitalistas occidentales se sentían cómodos con él. En alguna parte de los cálculos de Lebed, quedaba claro que para los nuevos empresarios de ese paraíso de saqueadores en el que se ha convertido Rusia, Trump se veía y olía como alguien con dinero de familia.

Concertó la cita para media mañana. Trump esperó la visita en el lobby, en compañía de su intérprete Inga Bogutska, recepcionista, hija, coincidentemente, de un general ruso. Cuando anunciaron que Lebed venía en camino, luego de un encuentro con un grupo de editores y reporteros de *The New York Times*, Trump se dedicó a practicar su *swing* de golf y a otear a las mujeres que se paseaban por el lobby. Al fin llegó Lebed, un hombre de mediana edad, pero sin edad, con rostro carnoso, avejentado y párpados caídos, vestido con un traje de negocios gris y una expresión impasible. Después de posar para un fotógrafo de *The New York Times,* subieron en el elevador hasta el piso 26. En el camino, Trump le preguntó: "Y ¿cómo ve Nueva York?"

—Bueno, es difícil ofrecer una apreciación, pero creo que está magnífico —respondió Lebed. Tenía una voz ronca y grave, su comitiva de media docena de personas incluía a un intérprete que volvió superflua la presencia de Inga Bogutska.

—Sí, le ha estado yendo muy bien —coincidió Trump—. Nueva York va de subida. Hemos estado leyendo muchas cosas maravillosas acerca de este caballero y de su país.

En su oficina, Trump comenzó a compartir de inmediato con Lebed algunas de sus posesiones más preciadas.

—Éste es un zapato que me regaló Shaquille O'Neal —explicó—. Basquetbol. *Shaquille O'Neal.* Mide dos metros veinte, creo. Éste es su tenis, su verdadero tenis. De hecho, me lo dio después de un partido.

—Siempre he dicho —observó Lebed con sabiduría— que después del número cuarenta y cinco, que es lo que yo uso, uno comienza a calzar baúles en los pies.

—Es cierto —dijo Trump. Se desplazó hacia la réplica del cinturón del campeonato mundial de peso pesado de Mike Tyson, seguido de un guante de boxeo de Evander

Holyfield—. Me dio esto cuando cumplí cincuenta años. Los usó cuando le ganó a Tyson. Yo no sabía a quién irle. Aquí está esta camiseta de Shaquille O'Neal. Venga, quizá le interese ver esto. Lo usaron para un anuncio de Versace, el diseñador de moda. Ésas son fotos de Madonna en la escalinata de Mar-a-Lago, mi casa en Florida. Y esta foto es de algo que acabamos de terminar y de lo que estamos muy orgullosos: un hotel grande, llamado Trump International. Ha sido muy exitoso. Nos hemos divertido mucho.

Trump presentó a Lebed con Howard Lorber, que lo había acompañado meses atrás en su viaje a Moscú, donde vieron algunas propiedades a las que se les podría anteponer el "Trump". "Howard tiene grandes inversiones en Rusia", le dijo a Lebed. Pero cuando Lorber nombró algunos de sus negocios, ninguno le sonó conocido a Lebed.

—¿Viste? No te conocen —le dijo Trump a Lorber—. Con todo y esas inversiones, no te conocen. A Trump lo conocen.

—Algunas "personas venenosas" de *The New York Times* —le informó Lebed— están propagando unos chismes extraños de que usted piensa llenar a Moscú de casinos.

—¿Ah, sí? —Trump respondió entre risas.

—Les dije que usted construye rascacielos en Nueva York. Rascacielos de alta calidad.

—De hecho, le tenemos echado el ojo a algo en Moscú en estos momentos, serían rascacielos y hoteles, no casinos. Sólo cosas de calidad. Pero gracias por defenderme.

Pronto volveré a Moscú. Estamos estudiando el Hotel Moskva. También el Rossiya. Es un proyecto muy grande; creo que es el hotel más grande del mundo. Y estamos trabajando con el gobierno local, con el alcalde de Moscú y su gente. Hasta el momento, se han mostrado muy receptivos.

—Usted debe ser una persona muy segura de sí misma. Está construyendo directamente en el centro —dijo Lebed.

—Siempre voy al centro.

—Espero no ofenderlo al decir esto, pero creo que usted es como una tira de papel indicador de PH. Está en el límite del límite. Si Trump va a Moscú, creo que Estados Unidos lo seguirá. De modo que considero que estos proyectos suyos son muy importantes y me gustaría ayudarlo en lo que me sea posible para hacerlos realidad. Quiero crear un canal o un río de flujo capital. Quiero minimizar los riesgos y eliminar ese tipo de situaciones en las que el empresario tiene que hundir su cabeza entre los hombros. Le dije a *The New York Times* que estaba conversando con usted porque es un profesional, un profesional de alto nivel, y si usted invierte, invierte en cosas reales. Proyectos serios, de alta calidad. Y trata con personas serias. Me parece una persona muy seria. Por eso me estoy reuniendo con usted.

—Bueno, es muy amable. Muchas gracias. Tengo algo para usted. Es un pequeño obsequio que expresa mi respeto. Espero que le guste. Es mi libro *El arte de la negociación*, que mucha gente ha leído. Y si usted lee este libro, conocerá el arte de la negociación mejor que yo.

La conversación se desplazó hacia los planes para el almuerzo de Lebed y la logística de su viaje ("Es muy cansado entrevistarse con tanta gente", confesó), y al parecer, comenzaba a tropezar, como si las limitaciones de Trump como kremlinólogo hubieran agotado los temas. Había, sin embargo, algo más que le interesaba tratar.

—Usted fue boxeador, ¿no es cierto? —le dijo—. Tenemos muchas peleas en mis hoteles. Acabamos de tener una entre Riddick Bowe y Andrew Golota, de Polonia, que ganó la pelea, pero fue descalificado. Golota sería un gran boxeador si fuera capaz de acabar una pelea sin que lo descalifiquen. Y usted me parece aún más rudo que Andrew Golota.

A modo de respuesta, Lebed colocó un dedo índice sobre su nariz o lo que quedaba de ella, y la aplastó.

—Sí, parece rudo en serio —continuó Trump—. ¿Fue usted un boxeador olímpico?

—No, tuve una carrera bastante modesta.

—¿De veras? Los periódicos dicen que tuvo una carrera brillante.

—En cierto punto, el jefe de mi compañía me la puso muy clara: te dedicas al deporte o al servicio militar. Y elegí el servicio militar.

—Tomó la decisión correcta —coincidió Trump, como si con ello abandonara cualquier pensamiento que haya tenido respecto a organizar una pelea con Lebed en Atlantic City.

Norma Foerderer entró con una cámara para tomar fotos para el archivo de Trump y felicitar al general por su destreza en el manejo del asunto de Chechenia.[41] Intercambiaron números de teléfono y, antes de partir, Lebed le ofreció una bendición a Trump: "Usted deja una huella muy buena en el planeta, que durará siglos. Todos somos mortales, pero las cosas que uno construye permanecen para siempre. Usted ha demostrado que no es cierto lo que se dice, que entre más alto está el ático, más basura hay".

Cuando Trump volvió de acompañar a Lebed al elevador, le pedí que me compartiera su impresión.

Primero que nada, no quieres jugar a las guerras nucleares con ese sujeto —dijo Trump—. ¿No te parece lo más rudo y frío que jamás hayas visto? No es el clásico tipo malhumorado de los bienes raíces. Ese tipo está más allá. Se le ve en los ojos. Es un asesino. ¿Qué tal cuando le pregunté si había sido boxeador? Cielos, esa nariz es un pedazo de hule. Pero le caí bien. De camino al elevador, me agarraba, me abrazaba, se sentía bien. Y le gusta lo que hago. ¿Sabes qué? Creo que hice algo bueno por el país el día de hoy.

Sonó el teléfono, una llamada de Jesse Jackson a propósito de una oficina en el número 40 de Wall Street, que Trump había prometido para apoyar a la Rainbow Coalition. ("Hola, Jesse. ¿Cómo te va? ¿Estuviste en el pro-

grama de Rosie? Es fantástica, ¿no? Sí, yo creo que lo es…
Cuéntame, entonces, ¿cómo estás *tú?")* Trump colgó el teléfono, se acomodó en su silla y se inclinó hacia mí con las
cejas arqueadas y una sonrisa con partes iguales de sorpresa
y satisfacción. "Tienes que aceptar que cubro el abanico
completo. ¿O no? No tiene fin. Digo, la gente no tiene idea.
Una vida genial. ¿Sabes? Es, más o menos, una vida genial."

Un sábado de invierno, Trump y yo nos dimos cita en
la Trump Tower. Tras 10 minutos de espera, el conserje
me condujo al *penthouse.* Al salir del elevador, encontré a
Donald de pie, con un abrigo de casimir negro, traje azul
marino, camisa a rayas azules y blancas y una corbata color guinda. "Pensé que te gustaría ver mi departamento",
anunció, y mientras yo entrecerraba los ojos para evitar
deslumbrarme con tanta chapa de oro y espejos que ador-
naban el pasillo de entrada, me dijo: "No lo suelo hacer". Que ambos supiéramos que no era verdad —varias
revistas habían dedicado secciones enteras a su departamento de tres plantas y 53 habitaciones, con parque en
la azotea ,y había aparecido en el programa *Lifestyles of
the Rich and Famous*— no minó, para nada, mi capacidad
de disfrutar el asalto visual y áureo del que fui objeto en
seguida: la sala, con techos de nueve metros de altura,
fuente y bóveda decorada con frescos neorrománticos; el
comedor de dos plantas, con su friso de marfil tallado
("Sé que el marfil no es muy bien visto"); columnas de
ónix con capiteles de mármol, provenientes de "un cas-

tillo en Italia"; el candelabro que había colgado del techo de "un castillo en Austria"; el lavamanos de ónix azul de África. Mientras admirábamos la vista norte de Central Park, me dijo: "Éste es el departamento más grandioso jamás construido. Nunca ha habido algo parecido. No existe un departamento como éste en ninguna parte. Fue más complicado construir este departamento que el resto del edificio. Muchas cosas sólo las hice para ver si eran posibles. Los más ricos, que piensan que han visto departamentos grandiosos, vienen y dicen: 'Donald, olvídalo, éste es el mejor'". Muy pocos detalles sugerían que había gente real viviendo allí. ¿Dónde se dejaba caer Trump, en calzoncillos, comiendo sándwiches de *roast beef*, viendo la televisión y rascándose donde le picara? ¿Dónde arrojaba Marla su ropa deportiva? Tal vez no tenga importancia. "Ven, te enseñaré cómo funciona la vida", me dijo, y doblamos algunas esquinas hasta dar con la sala donde colgaba el Renoir,[42] la vista se extendía hasta la Estatua de la Libertad. "Mis departamentos con vista al parque se venden dos veces más caros que los que tienen vista al sur. Pero me parece más hermosa *esta* vista que *aquélla*, especialmente de noche. Como paisaje urbano, no tiene par."

En seguida nos dirigimos al número 40 de Wall Street, donde lo esperaba un equipo de filmación de la televisión alemana para que le hiciera un recorrido. ("Éste será el edificio de oficinas más fino de todo Nueva York. No sólo del *downtown*, de todo Nueva York.") De camino, nos detuvimos en un semáforo en la Calle 42 y la Primera Avenida. El conductor de una furgoneta, en el carril de junto, comenzó a saludar con la mano, luego bajó la ventanilla y gritó: —¡Nunca lo había visto en persona! —tenía alrededor de 40 años, llevaba una gorra azul y hablaba con un acento hispano—. Pero lo veo mucho en la televisión.

—Qué bueno —dijo Trump—. Gracias. Creo.

—¿Dónde está Marla?

—En Louisiana, preparándose para conducir el concurso de Miss USA. Tienes que verlo, ¿ok?

—Ok, lo prometo —dijo el hombre de la furgoneta—. Que tenga un buen día, señor Trump. Que tenga un día *lucrativo*.

—Siempre.

Más tarde, Trump me dijo: "¿Quieres saber lo que es el reconocimiento total? Te diré cuándo ya puedes estar seguro de que lo tienes. Cuando a los nigerianos de la esquina, que no hablan inglés, que no saben dónde están parados, que están vendiendo relojes para algún tipo en Nueva Jersey, los pasas en la calle y te gritan: ¡Trump, Trump! Ése es el reconocimiento total".

Más adelante dimos vuelta hacia el norte, a Mount Kisco, en Westchester County, en específico a Seven Springs, un espléndido edificio georgiano[43] de caliza y granito de 55 habitaciones, completado en 1917 por Eugene Meyer, el padre de Katharine Graham.[44] Si las cosas funcionaban de acuerdo con su plan, dentro de año y medio la casa se convertiría en la pieza central de la Mansión Trump en

Seven Springs, un club de golf donde podría jugar cualquiera que estuviera dispuesto a soltar 200 000 dólares. Al acercarnos, Trump me hizo señas para que pusiera atención en las paredes que bordeaban el camino de entrada. "Mira la calidad de ese granito. Porque, ¿sabes? A mí me gusta la calidad. Mira la calidad de esa pared. Granito tallado a mano. Y lo mismo dentro de la casa." Entramos a un cuarto donde dos hombres resanaban el techo. Trump exultó: "¡Aquí están los profesionales! ¡Ya casi no se encuentran resanadores! Busqué a uno, registrado en Nueva York, y lo traje aquí. ¿Sabes por qué? Porque es el mejor". Escudriñamos los pisos de la planta alta y luego el sótano, donde Trump estudiaba la posibilidad de convertir el boliche en spa. "Es como Mar-a-Lago otra vez —dijo—. Un gran edificio, un buen terreno, una excelente ubicación. La pregunta es qué hacer con todo esto."

Desde la terraza, Trump trazó el mapa de los hoyos del campo de golf: un *tee*[45] elevado sobre un par-tres, atravesando un barranco repleto de laureles y cornejos; dos par-cuatro paralelos en la parte alta de la bajada que conduce a una reserva natural. Entonces, volteó hacia mí y dijo: "Compré todo esto por siete millones y medio de dólares. La gente me pregunta: '¿Cómo lo lograste?' Les respondo: 'No lo sé. ¿Tiene sentido?' ". No realmente, como tampoco su siguiente frase: "¿Sabes? Nadie antes había visto una casa de granito".

¿Granito? ¿Nadie? ¿Nunca? ¿En la historia de la humanidad? Impresionante.

En una entrevista, Marla Maples conversó acerca de su vida con Trump: "Realmente le gustaría que yo fuera una esposa más tradicional. En definitiva, quiere que la cena esté servida a las siete en punto. Y si llega a casa a las seis treinta, debe de estar lista a las seis treinta". Bueno, eso ya fue.

Una mañana le pregunté a Trump, en su oficina, si pensaba mudarse de casa a la luz de los cambios domésticos. Sonrió por primera vez ese día y dijo: "¿Dónde voy a vivir? Puede ser la pregunta más difícil que me hayas hecho, hasta ahora. Quiero terminar los trabajos de mi departamento en Trump International. Eso puede tardar algunos meses, dos, tal vez seis. Creo que entonces viviré allí unos seis meses. Digamos que viviré ahí algún tiempo. Los edificios siempre funcionan mejor cuando yo vivo allí".

¿Y el departamento de la Trump Tower? ¿Se quedaría vacío?

"Bueno, no lo vendería. Y claro, nadie construirá nunca un departamento así. El *penthouse* del Trump International no es tan grande. Mide unos seiscientos cincuenta metros cuadrados. Pero tiene una sala que es la habitación más espectacular de Nueva York. Un techo de siete metros y medio de altura. Te digo, es la mejor habitación del mundo. ¿Me entiendes?"

Creí entender: el único departamento con mejor vista que la del mejor departamento del mundo era ese mismo departamento. Salvo uno, al otro lado de Central Park, que tenía la sala más espectacular del mundo. Nadie había visto una casa de granito. Y lo más importante: cada centímetro cuadrado le pertenecía a Trump, que había aspirado a alcanzar y logrado el lujo máximo: una existencia sin el perturbador rumor de un alma. Trump, un tipo que goza del reconocimiento universal y, sin embargo, sospecha que una vida interior sería un inconveniente intolerable; una criatura presente en todas partes y en ninguna, singularmente capaz de habitar todo al mismo tiempo, en absoluta soledad.

Créanme

Es probable que lo más cómico que jamás le haya escuchado a Donald Trump fuera cuando un día me entregó en su oficina un estado financiero personal de dos páginas, sin auditar, y me dijo: "Nunca le he mostrado esto a un reportero". Yo sabía que no podía ser cierto, como también sabía que su supuesto valor neto (2.25 mil millones de dólares) era una ficción. Con la misma credibilidad pudo haberme asegurado que negoció una opción de compra de Canadá. Lo único que me hubiera parecido más cómico era que me mostrara las tarjetas certificadas de los resultados de sus partidos de golf, cuando jugaba a solas.

Ni en ese momento ni ahora me importó mucho lo que Trump decía "valer". Estoy seguro de que una estimación verdadera revelaría que se trata de una fracción de lo que pueda declarar en cualquier momento. Su punto más vendible como candidato a la presidencia es, desde luego, que es un súper genio, un negociador increíblemente exitoso, que hará fantásticos, fabulosos negocios que dejarán boquiabiertos a todos los ciudadanos, un refrescante contraste con la serie de negociaciones "desastrosas" de sus predecesores en la Casa Blanca. "Soy *realmente* rico", le gusta decir a Trump. O en su versión extendida: "Parte de mi belleza es que soy muy rico". (Como nunca: "ante sus propios ojos".)

A principios de los años noventa Trump dejó de pagar a sus prestamistas 800 millones de dólares, centavos más, centavos menos. Más adelante, cuando se llegaba a mencionar el hecho, Trump insistía, reflexivamente, en que nunca había ocurrido. Pero sí ocurrió y, como consecuencia, nadie con un mínimo sentido de la precaución estuvo dispuesto a hacerle un nuevo préstamo. Gail Collins, de *The New York Times*, se refirió a él como "un *miliario*[1] económicamente sitiado". Trump le envió una copia de su propia columna con un galante garabato sobre su fotografía: "¡La cara de un perro!" En 2005, Timothy O'Brien, entonces colega de Collins en *The New York Times*, publicó un libro titulado *TrumpNation: The Art of Being the Donald*, donde calcula el valor neto de Trump en 150 o 250 millones de dólares. Como era de esperarse, Trump interpuso una demanda por 5 000 millones de dólares, alegando que el cálculo era un acto de calumnia y difamación. El caso fue desechado cuatro años más tarde, cuando Trump admitió en una declaración: "Mi valor neto fluctúa, sube y baja de acuerdo con los mercados, las actitudes y los sentimientos, incluso mis propios sentimientos... y eso puede cambiar rápidamente de un día a otro".

Más tarde O'Brien declaró que sus "abogados le arrancaron la corteza a Trump"; admito, entonces, que sería demasiado trumpeano de mi parte atribuirme el crédito de ese saludable resultado. Sin embargo, debo mencionar que al inicio de aquellas diligencias, redacté una breve nota para *The New Yorker*, donde aconsejaba a O'Brien darle largas a Trump antes de entregarle un cheque de 10 cifras. Le confesé mi envidia y en una suerte de carta abierta a Trump, le rogué que también intentara destruir mi vida: "Por favor, Donald... De una vez por todas, demándame. Necesito ese agravio. Ni hablar de las regalías". Contrario a su costumbre, no me respondió. Supongo que su suscripción había caducado.

La sabia observación de Alair Townsend, antigua vicealcaldesa de Nueva York —"Yo no le creería a Trump, aunque su lengua estuviera notariada"—, nos ofreció una regla bastante fácil de seguir y que nunca ha pasado de moda. Una democracia sana descansa, supongo, en una prensa libre y vigilante, cuyos miembros se sienten personalmente afrentados por la descarada mendacidad de los poderosos. Pero no soy tan quisquilloso. Con Trump, siempre supe que no era mi inteligencia, como tal, la que se sentía insultada al escuchar las transparentes distorsiones que emanaban de su boca, simplemente era su forma de expresarse. Estoy seguro de que Trump jamás cambió su percepción de mí como un desdichado imbécil. Aun así y en vista de las declaraciones que ha hecho a lo largo de su campaña acerca de la prensa ("rastreros... terribles... gente mentirosa y asquerosa... odio a algunas de estas personas, las odio"), yo diría que nos entendimos bastante bien. Mientras él siguiera hablando, ¿qué podía fallar? Salvo que tuviera un día nulo, desde el punto de vista de su megalomanía, nunca dejó de generar buen material. Antes de que elevara su mirada sobre el horizonte y decidiera que había llegado el momento de adueñarse del mundo, el temor de los periodistas locales era que nos congelara. ¿Cómo sostendríamos a nuestras familias?

El Trump ascendente que los habitantes de Nueva York conocieron en los años setenta, ochenta y noventa estaba lejos de ser inofensivo. Tenía un talento especial para inducir la indignación —y su exasperante propensión al litigio, tan a flor de piel, contribuía con mucho— entre los servidores públicos, sus rivales del medio de los bienes raíces, sus socios comerciales, accionistas y obligacionistas de sus casinos e inquilinos de los edificios que ostentaban su nombre. Llegó a llamar "imbécil" a Ed Koch, un alcalde elegido en tres ocasiones. Declaró: "Bajo Ed Koch, la ciudad es un desastre". (¿Les suena familiar?) Koch le devolvió el favor con las palabras "codicioso, codicioso, codicioso", si Trump "chilla como un cerdo atrapado, es porque debo de haber hecho algo bien". Aun así, en aquella época el daño estaba relativamente focalizado. En retrospectiva, cualquiera que haya sido el juego de Trump, sus despojos nos parecen ahora pintorescos y poca cosa.

En 1975, cuando Trump estaba cerrando su primer negocio de bienes raíces en Manhattan, el Grand Hyatt New York, en el terreno que había ocupado el viejo Hotel

Commodore, el alcalde en ese entonces, Abe Beame, demócrata de Brooklyn, uno de esos funcionarios que sólo alimentan a la maquinaria —es decir, malhecho y maleable—, se mostraba susceptible a los halagos del padre (y aval) de Trump, que tenía contactos de alto nivel en Brooklyn. Donald, heredero al trono, se sintió con permiso de imponer sus propias reglas. Y funcionó. Logró exprimirle beneficios fiscales a un gobierno municipal funcionalmente quebrado. El monstruo se levantó de la mesa del laboratorio y caminó.

A cinco años de haber dado inicio a su carrera, durante la demolición que se hizo para despejar el terreno donde se construiría la Trump Tower, en la Quinta Avenida, Trump aprobó la destrucción de dos bajorrelieves masivos de piedra caliza, estilo art déco, que decoraban la entrada de la antigua tienda departamental Bonwit Teller. Trump había prometido donarlos al Museo Metropolitano de Arte, pero más tarde decidió que desmontarlos apropiadamente sería demasiado lento y costoso. Quería su edificio. Astutamente, se cubrió detrás de un chivo expiatorio hecho a la medida, un contratista que empleaba a demoledores polacos mal pagados, maltratados y aún más importante, indocumentados. (A propósito de cerrar las fronteras.)

Ese mismo año cerró por reparaciones la pista de patinaje sobre hielo Wollman Rink, ubicada en Central Park. Seis años y 13 millones de dólares más tarde aún no había vuelto a abrir. Los primeros inquilinos de la Trump

Tower se habían establecido desde tiempo atrás. De ese modo nació el primer gran golpe de relaciones públicas de Trump: completar la renovación de la pista en cuatro meses por un total de 2.25 millones de dólares. Al año siguiente, invitado por un activista republicano del sur de New Hampshire, Trump saltó de un helicóptero deportivo negro para dar un discurso al Club de Rotarios. Algunos de los espectadores que lo recibieron sostenían pancartas con eslóganes como "Trump en '88" y "Vote por un En-TRUMP-resario".[2] Meses más tarde, al salir de un programa de televisión, Trump recibió una nota de Richard Nixon: "No vi el programa, pero la señora Nixon me dijo que usted estuvo sensacional... Como se podrá imaginar, ella es experta en política y pronostica que el día que usted decida postularse para la presidencia, ¡ganará!"

Gracias, Dick.

Luego vino un recorrido para la prensa, estilo teatro kabuki, por la parte inferior del puente de Williamsburg, cerrado temporalmente. Trump reclutó a un alto funcionario de transportes del gobierno de Reagan como utilería para demostrar que era la persona indicada para reparar la decaída infraestructura de la ciudad.

Pronto se interpondrían las tribulaciones de la bancarrota y el desorden doméstico. El año 1988 sería, por mucho tiempo, el último año electoral en el que Trump podía idear su charada *Trump para Emperador*. Volvió en 2000, 2004 y en 2012 ofreció un espectáculo singularmente ostentoso, estilo príncipe de Dinamarca, antes de retirarse de la carrera. El hecho de carecer de una creencia esencial, una filosofía política descriptible, siquiera una mínima curiosidad sobre aspectos prácticos de la gobernanza o la política, resultaba irrelevante —para Trump en todo caso— y por lo visto, no pesó en la decisión. Había sido indistintamente demócrata, republicano, independiente y posible candidato del Partido de la Reforma. ¿Su lealtad intrínseca? En los negocios, en la política y en la vida, había sido fiel a un solo constituyente. Y a un solo tema: *Trump. Yo. Mírame.*

Hasta el 16 de junio de 2015, cuando descendió por las escaleras eléctricas del patio interior de la Trump Tower rodeado de actores pagados, con camisetas con el eslogan "¡Hacer que América vuelva a ser grande!", y dio inicio a su valiente esfuerzo para convertir a la palabra *mexicano* en sinónimo de *violador* y *traficante de drogas*, jamás pensé que Trump se lanzaría al estrellato.

Personas sensibles y de reputación intachable, como Jon Stewart, Stephen Colbert y Bill Maher,[3] consideraron que el lanzamiento de la campaña de Trump era motivo de celebración. No se trataba de un veredicto patriótico, precisamente, pero ¿quién podría reprochárselos? ¡Se acababa de descubrir el yacimiento satírico más grande del mundo! Por primera vez me opuse. Nunca he estado en contra de la ridiculización pública de fanfarrones llenos de su propia importancia. Sin embargo, esta ocasión no estaba de humor. Durante la era de Obama, las peripecias de

Trump no habían producido una retribución satisfactoria y complaciente. Me pareció que lo que podría favorecer a las comedias nocturnas, en la televisión, podría no ser bueno para los demócratas. (Y por supuesto, tampoco para los republicanos.) No sería bueno para Estados Unidos.[4] Era un mal presagio para la humanidad entera.

Por lo demás y al igual que cien por ciento de la prensa, no entendí el momento. *Sabíamos* que Trump se apartaría de la carrera mucho antes de las elecciones primarias. Y nos equivocamos por completo. Juré no entrar al juego, incluso antes de entender lo equivocados que estaban nuestros pronósticos. ¿Para qué escribir acerca de la desmedida exhibición del autoerotismo trumpeano cuando todo el mundo lo estaba haciendo? No era necesario alimentar a la bestia. Sería mejor dejarla morir de inanición, ignorarla.

En las siguientes semanas, mientras Trump escupía provocaciones, insultos, amenazas, intolerancia sin límites —su repertorio se amplió para incluir, además de los mexicanos, a los 1.6 mil millones de musulmanes—, su popularidad justificaba sus métodos. Miles de votantes reales, con miedos reales y agravios largamente reprimidos, se apiñaban en sus mítines. Entre ellos había irredentos iracundos, pero no era el sentimiento general. Se trataba de ciudadanos cuyo resentimiento y enojo se había impregnado con la crónica mala fe de sus representantes. Por lo pronto, ante los ondulantes campos de manos extendidas, Trump tendría que vencer su fobia a los microbios.

Gracias a su genio para poner en escena la falsa fraternidad, sabía muy bien qué cuerdas tocar y cuándo. (Durante una reunión con el consejo editorial de *The New York Times*, Trump dejó ver su juego involuntariamente: "¿Saben? Si veo que la cosa se pone aburrida, si veo que la gente como que comienza a pensar en irse, simplemente le digo al público, '¡Construiremos el muro!' Y se vuelven locos". Y por supuesto, se volvieron.)[5] Trump surgió como una figura aspiracional, pseudopopulista y autoproclamado multimillonario, cuyo desprecio por los protocolos del injuriado *establishment* de Washington lo unió a sus partidarios en un abrazo de intoxicación mutua. Un coctel de falsas estadísticas, mezcladas con temor, ingenuidad e indiferencia ante las exigencias pragmáticas. Un fanatismo sólo precariamente relacionado con la realidad. "¡Amo a los que no tienen educación!", se jactó. Y lo amaron.

El hecho de que ni sonara ni se comportara como un típico político le hizo ganar puntos. Y a nadie en la congregación pareció importarle —si acaso se dieron cuenta— que no existiera un Donald auténtico y corpóreo. Sólo había *Trump*, en carne y hueso, como quien dice, un hablador fatuo, hábil en el arte de no decir nada, vestido con trajes azul marino y corbatas de tonos primarios, con un peinado de alto mantenimiento color rosa-calabaza, que no existe en la naturaleza. Todo era un artificio. Saludaba a cada asamblea con una declaración de amor, felicitaba al público por ser tres veces más grande de lo que era en realidad. Crecía aún más conforme avanzaba la gira. Trump aguantó con una resistencia que pondría a prueba la vejiga de cualquiera. Pero ¿qué salía de su boca? Un confuso discurso de autoglorificación y frasecillas enérgicas: grandeza, grandiosidad, nos están viendo la cara, nos vamos a vengar, China, México, Japón, el sistema está arreglado, perder, ganar: un infomercial sin fin acerca de sus riquezas putativas y fantástica fabulosidad, fluyendo como una asociación libre de ideas con filtros intermitentes.

Su grandilocuencia hablaba más de su táctica que de sus objetivos. Llegué a pensar que, en el fondo, Trump deseaba ganar la nominación republicana más que la elección general. La motivación más lógica, detrás de su candidatura, era la permanente obsesión con su propia marca, siempre en fase de metástasis. Desde el podio, vendía agua Trump, vino Trump y filetes Trump (productos caducos). Hablaba de sí mismo en tercera persona: "Nadie será más duro con ISIS que Trump"; "Missouri acaba de confirmar la victoria de Donald Trump"; "Le está yendo tan mal a Rand Paul que piensa que tiene que salir a atacar a Trump". Cuando un manifestante que gritó en repetidas ocasiones: "¡No todos los mexicanos son violadores, no todos los musulmanes son terroristas!", fue escoltado a la salida por policías, Trump dijo: "Parece un imitador de Elvis. Es extraño porque a los imitadores de Elvis les encanta Donald Trump". Declaró que en "temas de salud y de mujeres, no habrá nadie mejor que Donald Trump". Esta última audacia, cortesía del autor de *tweets* como: "Si Hillary Clinton no puede satisfacer a su marido, ¿qué le hace pensar que va a satisfacer a Estados Unidos?"

Estábamos ante un aspirante a líder del mundo libre, cuyas evidentes ansiedades acerca de sus aptitudes genitales dominaron más de un ciclo de 24 horas de noticias. La primera vez que Trump *tocó* el tema en un debate televisivo me reí, luego me dieron escalofríos. Diecinueve años atrás, al referirme a la disolución de su primer matrimonio, al adulterio con su futura segunda ex esposa, Marla Maples, y al encabezado de *New York Post*: "EL MEJOR SEXO QUE HAYA TENIDO", escribí que "una amiga de Marla soltó la lengua acerca de su hábil manejo del miembro viril". Eso reportó el *Post*. Pero yo ¿en qué estaba pensando? Cielos. Desde luego, no había ocurrido nada por el estilo. El único boquiflojo posible era el propio Donald. *Plus ça change.*

Los demás candidatos a la nominación republicana, un grupo deplorablemente inútil en su mayor parte, fueron reducidos a debatirse entre la incredulidad y la ira sofocada. Los puedo entender. Más o menos. Mientras tanto, buena parte del cuarto poder asumió un papel de bobo facilitador, primero al no tomar a Trump en serio, y luego al *tomarlo*, de hecho, en serio, adoptando un papel de testigo cooperante. Durante meses, Trump manejó a los medios como público de un espectáculo de feria. Mientras más tinta y tiempo aire le dedicaban, más los vilipendiaba. No importaba cuánta invectiva mostrara al incitar a la chusma a insultar a los desafortunados rehenes, ubicados en las cabinas de prensa: las cámaras seguían grabando. Por momentos, el espectáculo era tan inquietante que casi resultaba imposible verlo. Detrás de la barrera (concretamente, en el sofá de mi sala), mi vergonzante secreto era que no podía apartar la mirada.

La originalidad de la campaña de Trump se refleja en su eslogan, "¡Hacer que América vuelva a ser grande!" La frase se retomó directamente de la de Ronald Reagan en los años ochenta: "¡Hagamos que América vuelva a ser grande!", sólo que Trump le dio un toque francamente nativista. Y los descodificadores lo convirtieron de inmediato en "¡Hacer que América vuelva a ser blanca!"; la formulación sugeriría que el absolutismo antiinmigrante y antimusulmán de Trump expresaba, entre otras cosas, el deseo de una limpieza étnica en Estados Unidos, el Destino Manifiesto, en otros términos. Yo no lo veo así. Los edificios "Trump", ampliamente considerados como refugios seguros para la fuga de capitales extranjeros, siempre han sido populares entre la plutocracia no caucásica, con gusto por el súper lujo. (Entre la que se cuenta, sin duda, una buena parte de la cleptocracia tercermundista.)

En la medida en que Trump se acerca a la nominación, su recién contratado estratega político, Paul Manafort, emprende un improbable esfuerzo por hacerlo parecer más presidencial. O quizá, en su defecto, menos Donald. Trump leyó, con el hotel Mayflower de Washington como fondo, lo que se anunciaba como su agenda de relaciones internacionales: un discurso que por cierto ya había leído. Sus connotaciones aislacionistas ("El tema primordial de mi administración será 'primero América'") no satisfacían del todo su afición por improvisar de un modo belicoso: "¿Saben para qué seré muy bueno? Algo en lo que nadie está pensando. Y lo haré muy bien. Lo militar. Soy el tipo más rudo. Voy a reconstruir los cuerpos militares. Serán fuertísimos, poderosísimos y grandiosos".

Chris Matthews[6] lo retó a asegurarle "al mundo entero" que jamás contemplaría el uso de armas nucleares *en Europa*, Trump respondió: "Yo... Yo no lo quitaría de la mesa".

¿Su estrategia para derrotar a ISIS? "Los aplastaría con bombas. Simplemente aplastaría a esos putos."

Si se ha hablado mucho de su insumisión al servicio militar, es porque Trump es Trump. Un número afortunado en el sorteo del servicio militar le hubiera ayudado a evitarlo en 1969. Pero ya lo había hecho, gracias a un certificado de incapacidad debida a una malformación del hueso del talón. Cuando un reportero de Iowa le preguntó cuál era el talón afectado, Trump se quedó en blanco. Y después dijo: "Tendrás que investigarlo".

Como sea, Trump sentía que ya le había rendido un servicio a su país. Al recordar sus años de preparatoria en la Academia Militar de Nueva York dijo: "Siempre pensé que formaba parte del ejército".

¿Se refería al mismo ejército del senador John Mc-
Cain, antiguo aviador de la Fuerza Naval de Estados Unidos, gravemente herido en 1967 durante una misión en la
Guerra de Vietnam, tras lo que pasó seis años como pri-
sionero en Vietnam del Norte, dos de ellos torturado y
golpeado? ¿El mismo McCain al que Trump descalificó
lapidariamente: "No es un héroe de guerra?"[7]

Se trata del mismo Trump, audaz e intrépido, que llegó a decir en una conversación con Howard Stern sobre
los riesgos de las enfermedades de transmisión sexual: "Es
asombroso. He tenido tanta suerte en todo eso. Hay un
mundo peligroso allá afuera. Da miedo. Es como Vietnam. Es mi Vietnam personal. Me siento como un solda-
do grandioso y muy valiente".[8]

Otra muletilla habitual en Trump, casi siempre seguida
de un rápido sacudimiento de cabeza, es *créanme:* "Construiría un gran muro, y nadie hace muros mejor que yo,
créanme… Haría que México lo pagara. Créanme, lo van
a pagar… No vine aquí para hablar bien de Israel. Eso
lo hacen los políticos: puras palabras y nada de acción,
créanme… He dedicado tanto tiempo de mi vida a Israel,
los otros políticos pueden hablar, pero créanme, no han
hecho lo que he hecho yo".

Sería fácil pasar por alto esas declaraciones y enten-
derlas como un tic retórico y trivial si quien hablara no se
hubiera situado, desde hace tiempo, en un punto del es-
pectro de la credibilidad entre *altamente cuestionable* y ¿estás

completamente loco? Cada iteración de *créanme* siembra una pregunta en el corazón del enigma trumpeano: ¿él mismo lo cree? En *El arte de la negociación*, su primera alabanza a Donald J. Trump, se jacta de su predilección por la "hipérbole veraz... una exageración inocente, y una muy efectiva manera de promoverse". Para Trump, *hipérbole veraz* no es un simple oxímoron. Dicho de la manera más amable, es una imbecilidad. Lo que comenzó como una máxima publicitaria para justificar las libertades que Trump se toma con la verdad se convertiría en una nueva variante del sueño americano: una realidad ingeniosamente fabricada, hermética y alterna.

La noche que Trump se llevó 53 por ciento de los votos del Partido Republicano en Indiana y el presidente del Comité Nacional Republicano lo declaró "presunto [sic] candidato del GOP",[9] Ted Cruz metió su reptil carisma en una maleta, regresó a Texas y comenzó a maquinar su resurrección dentro de cuatro años. En su viaje de regreso, Trump lo elogió como "un tremendo rival... un tipo fuerte, inteligente". Sin embargo, esa mañana le había obsequiado su verdadero regalo de despedida al repetir lo que el *National Enquirer* había publicado acerca de la supuesta complicidad del padre de Cruz con Lee Harvey Oswald para asesinar a John F. Kennedy. En fin, se trata de pasarla bien.

Para entonces, Trump ya había mostrado su propensión a explotar las grandes tragedias nacionales en beneficio propio. Le encantaba describir cómo vio el 11 de septiembre a "miles y miles de personas" expresar su júbilo en la ciudad de Jersey, Nueva Jersey —sobre el río Hudson, frente al World Trade Center— mientras se derrumbaban las Torres Gemelas. Nueva Jersey es hogar de una importante población árabe. Varias organizaciones noticiosas investigaron y no encontraron absolutamente ninguna prueba que sostuviera la fantasía de Trump. *Politifact.com*, el observatorio no partidista de *Tampa Bay Times*, especializado en verificación de datos, designó a esta calumnia la "mentira del año" en 2015. Cuando George Stephanopoulos de ABC News confrontó a Trump, señalando que el tema anduvo circulando durante un buen tiempo como chisme en internet, respondió: "Lo pasaron en la televisión. Yo lo vi". Los encargados de cotejar datos en *Washington Post* lo premiaron con cuatro "Pinochos". Trump insistió. Y le funcionó muy bien en el sur de Estados Unidos.

"Quizá peque de honesto", fue como humildemente se describió a sí mismo ante una multitud en Carolina del Norte. Después de una reunión en la sala municipal de Wisconsin, transmitida por CNN, *Huffington Post* escudriñó la transcripción y contó "setenta y un momentos distintos en los que Trump hizo una declaración inexacta, engañosa o profundamente cuestionable". Eso ocurrió en el transcurso de una hora, con todo y comerciales. En otra ocasión, en un ejercicio menos puntilloso, llevé mi propia cuenta durante la transmisión por CNN de una reunión en la sala municipal de Carolina del Sur. Trump estaba en plena forma. Junto a la habitual retahíla sobre la muerte del Obamacare[10] y el muro en la frontera, disfruté bastante de: "No soy un *bully*. No, para nada soy un *bully*"; "Tengo un muy buen temperamento"; "Creo que he sido muy, muy buen padre porque puse a mis hijos por encima de todo"; "Soy una persona inteligente"; "Tenemos a Caroline Kennedy[11] haciendo negocios de automóviles y comercio con... Japón"; "Me hacen demasiada publicidad. No me gusta... ¡Es cierto!... ¿Saben qué? ¡Es cierto!"

Sería profundamente injusto decir que Trump miente todo el tiempo. Jamás me atrevería a sugerir que miente cuando está dormido. Por lo demás, es sabido que sólo duerme cuatro horas al día. Sospecho que se debe menos a que funcionalmente requiere de poco sueño, que a su inquietud ante la incapacidad de manejar su subconsciente. Tal vez cuatro horas sea el máximo periodo de tiempo que puede resistir sin tener todo bajo control. Nunca lo sabremos. Tampoco Trump. Llegó a decirle a un biógrafo: "No me gusta analizarme porque tal vez no me guste lo que encuentre". Eso podría demostrar una extraordinaria moderación y autoconciencia. O bien, todo lo contrario. O ambas.

También podría ser el presagio de algo muy malo para el mundo entero. Por momentos, me digo a mí mismo que Trump no quiere ser presidente en realidad; más bien, no quiere perder la elección. Mientras dure, quiere saborear el sonido de su nombre en boca de las multitudes, después de arrojarles huesos como: "¿Aprobaría el uso de la tortura con agua? Por mis huevos que sí. Por mis huevos. ¡En un segundo! ¡En un segundo! ¡Eso y mucho más!"

Gane o pierda, me pregunto cuánto tiempo tardarán los partidarios de base de Trump en entender que los engañó. Trump apenas había dejado de usar los pantalones cortos de Wharton[12] cuando el Partido Republicano diseñó su estrategia para ganar votos en el sur de Estados Unidos: explotar los agravios de las luchas culturales y raciales para persuadir a los hombres blancos, miembros de la descontenta clase trabajadora, de que votaran en contra de sus propios intereses económicos. Trump no inventó la técnica del gato por liebre, sólo es un adepto reciente y uno de los más entusiastas.

Al observar el trabajo de Trump con sus bases, invariablemente recuerdo el viaje que hicimos a Atlantic City, cuando él y Vanna White fascinaron a los expectantes patrocinadores del Trump Castle, en ese entonces el mayor fracaso entre sus casinos. Vanna había sido contratada como "primer detonador de la ceremonia" de develación de 13 réplicas recién instaladas de las ruletas de *Wheel of Fortune*. Un grupo de deslumbrados pensionados se adelantó para entregar su presupuesto para el supermercado de esa semana. Al dirigirnos a la salida del casino, Trump me dijo: "Esto es lo que hacemos. ¿Qué te puedo decir?"

Le escribiré a Trump en algún momento, después de las elecciones, y como se ha vuelto costumbre en mí, incluiré algún regalo en el sobre. Estoy pensando qué libro es posible que jamás haya leído. Alexander Hamilton[13] es grandiosamente popular —y a Trump le gusta lo grandioso, ¿verdad?—, de modo que le enviaría *Los papeles federalistas,*[14] de seguro. Y ya puestos, también la Constitución. No importa qué tan ocupado se encuentre, estoy seguro de que me responderá. Diría, más bien, que estoy ansioso de recibir su respuesta.

Donald, por favor. No te pierdas.

Notas

PRÓLOGO

[1] Revistas prestigiadas como *The New Yorker, Ploughshares, The Atlantic, Harper's Magazine* y *Paris Review*, entre otras. (N. del T.)

[2] Cita de La Rochefoucauld, recogida en sus *Máximas morales*, de 1664. (N. del T.)

[3] Fundada por el novelista, ensayista y locutor de radio Kurt Andersen y el periodista Graydon Carter, editor de *Vanity Fair*, la revista mensual *Spy* localizada en Nueva York, se publicó de 1986 a 1998. Satirizaba con agudeza e inteligencia principalmente a los medios de comunicación, la industria del espectáculo y al *jet set* neoyorkino. Publicó reportajes célebres como "Las cien primeras damas de Clinton", en 1993. (N. del T.)

[4] Aunque con una gran tradición, ya que fue fundado en 1801 por Alexander Hamilton, uno de los "padres fundadores" de Estados Unidos, *New York Post*, al que frecuentemente se llama "el *Post*", se convirtió en un diario sensacionalista y tendencioso de gran tiraje. Los escándalos del *Post* son constantes. (N. del T.)

[5] *El aprendiz*. El tema del concurso son las habilidades empresariales de los participantes. Se transmite desde 2004 y está directamente asociado con Donald Trump, quien de 2006 a 2015 lo condujo de manera personal, con la colaboración de Ivanka, su hija. Desde 2008 inició la versión *Celebrity The Apprentice*, donde participan personalidades mediáticas. (N. del T.)

⁶ Popular y muy polémico espectáculo cómico radiofónico que el locutor Howard Stern transmite desde 1975. También se transmite una versión, condensada, para televisión. En 1994, Howard Stern fue candidato a gobernador de Nueva York por el Partido Libertario. (N. del T.)

⁷ Huey Pierce Long, Jr. (1895-1935), político populista del Partido Demócrata, gobernador de Louisiana de 1928 a 1932. Fundador del clan político Long; murió asesinado. (N. del T.)

⁸ Mark Singer, "Trump solo", *The New Yorker*, 19 de mayo de 1997, artículo en la sección Profiles de la revista. (N. del T.)

⁹ Literalmente, "filetes Trump", nombre con el que en 2007 Donald Trump intentó comercializar, fallidamente, los filetes de res Angus "más grandes del mundo". (N. del T.)

¹⁰ El 8 de julio de 1947, un globo de la Fuerza Aérea de los Estados Unidos se impactó en un rancho de Nuevo México, cerca de Roswell. Se corrió el rumor de que se trataba de un platillo volador. (N. del T.)

¹¹ Biggie Smalls y Tupac Shakur, dos de los más célebres raperos estadunidenses, asesinados bajo circunstancias aún no esclarecidas, lo que ha dado lugar a diversas especulaciones. (N. del T.)

¹² Empresa de cárnicos. (N. del T)

¹³ En el episodio del *reality show* al que se refiere Obama, los equipos tenían la consigna de realizar una demostración culinaria en vivo, así como desarrollar y darle nombre a un producto de Omaha Steaks. El actor Gary Busey, jefe de proyecto, estuvo a cargo de uno de los equipos. (N. del T.)

CARA A CARA

¹ *Donald Trump, el arte del retorno* (no hay versión en español), autobiografía publicada por Times Books en diciembre de 1997.

² Władziu Valentino Liberace (1919-1987), estrafalario pianista, cantante y actor. Se estableció en Las Vegas; tuvo programas de televisión y por periodos, entre los años cincuenta y setenta, llegó a ser el *show man* mejor pagado del mundo. Intentó

mantener en secreto su homosexualidad, a pesar de las murmuraciones y filtraciones.

[3] Harry Hurt III, *Lost Tycoon: The Many Lives of Donald J. Trump*, W. W. Norton, Nueva York, 1993. (N. del T.)

[4] Suplemento literario dominical del diario *The New York Times*. El *Book review* se publica desde 1896.

[5] Falto de aptitud para la ironía, Trump ignora alegremente la de Queenan. (N. del A.)

MADONNA

[1] Lujosa propiedad de The Trump Organization a la orilla del mar, a 115 kilómetros al norte de Miami, Florida, en una isla rodeada por el océano Atlántico y por el lago Worth o lago Oeste; cuenta con 126 cuartos en más de 10 000 metros cuadrados. Construida en 1920, funciona actualmente como club y casa de retiro para presidentes y celebridades. Trump la adquirió en 1985 por 10 millones de dólares. (N. del T.)

[2] *The Trumpster*, en el original. (N. del T.)

[3] Durante el divorcio de Trump y su primera esposa, Ivana, en 1989, los diarios neoyorkinos se ensañaron con el tema y presentaron a Marla, que entonces contaba 25 años, como "la otra mujer". (N. del T.)

[4] Popular periodista neoyorquina de la prensa rosa, nacida en 1923. En 1991 publicó una serie de entrevistas exclusivas con Ivana Trump, a raíz de su divorcio, que le costaron su columna en el sensacionalista *New York Daily News*, cuarto periódico de mayor circulación en Estados Unidos. En seguida, comenzó a publicar en *Newsday*, onceavo lugar en cuanto a circulación, pero sin corte amarillista. (N. del T.)

[5] Multimillonaria empresaria hotelera de Nueva York, famosa por sus excentricidades y carácter autoritario. En 1989 fue condenada a 16 años de cárcel por evasión de impuestos, aunque sólo pasó 19 meses en prisión. Su frase: "No voy a pagar impuestos. Sólo la gente menuda paga impuestos", se volvió popular desde entonces. (N. del T.)

⁶ Kinney Parking Company, empresa de estacionamiento de vehículos, establecida en Nueva Jersey. (N. del T.)

⁷ Escultor ruso (1934). Autor, entre otras obras, de la controvertida estatua de 98 metros de altura de Pedro el Grande, en Moscú (1997), considerada uno de los "monumentos más feos del mundo"; de la igualmente controvertida estatua de 110 metros de altura dedicada a Cristobal Colón, en Arecibo, Puerto Rico (1991), considerada en su tiempo el monumento más alto del hemisferio occidental, y Lágrimas de dolor (2006), monumento dedicado a las víctimas del ataque terrorista del 11 de septiembre de 2001, también considerado como uno de los más feos del mundo —el monumento fue donado por el gobierno ruso a la ciudad de Nueva Jersey, quien lo rechazó; finalmente fue instalado en un terreno militar en Bayonna, Nueva Jersey, donde, al parecer, ha habido distintos intentos de removerlo. (N. del T.)

⁸ Abogado y político del Partido Republicano. Fue alcalde de Nueva York durante tres periodos consecutivos, de 1995 a 2006. Ha sido uno de los tres únicos alcaldes republicanos de Nueva York en el siglo XX. Aspiró a ser candidato del Partido Republicano a las elecciones presidenciales de 2016. (N. del T.)

⁹ Marvin Hamlisch (1944-2012), pianista, compositor y director de orquesta, nacido en Manhattan. Autor, entre numerosas obras, de *The Way We Were*, con la que ganó el Óscar a la mejor canción original (1974) —célebremente interpretada por Barbara Streisand— y la música de la película *Sophie's Choice* (1982). (N. del T.)

¹⁰ Primera dama de Nueva York, esposa del entonces alcalde Georges Pataki. (N. del T.)

¹¹ Compositora y cantante nacida en el Bronx, de Nueva York, en 1945. Ganó el Óscar a la mejor canción original en 1989, por *Let the River Run*. (N. del T.)

¹² Actor y activista neoyorkino (1952-2004), célebre por su interpretación de *Superman* en la película dirigida por Richard Donner (1978). A lo largo de su vida, padeció numerosas enfermedades, asma, alergias e infecciones. Finalmente murió de septicemia, provocada por una úlcera infecciosa. (N. del T.)

[13] William Styron (1925-2006). (N. del T.)

[14] Publicada en 1979 por Random House, la novela recibió el National Book Award for Fiction —uno de los premios más prestigiados en Estados Unidos— en 1980, y sirvió de base al guion de una exitosa película con el mismo título, dirigida por Alan Pakula y protagonizada por Meryl Streep (1982). La película fue nominada a cinco Oscar y ganó uno, por la actuación de Streep. La trama de la novela se centra en un drama del campo de concentración de Auschwitz. (N. del T.)

[15] *Blip* significa a la vez "irregularidad", "incidencia breve" y "fugaz destello de luz" (sobre todo en el radar), "parpadeo". Conservamos el término porque expresa cómo, incluso silábicamente, Trump busca minimizar ese hecho monumental. (N. del T.)

[16] Banco norteamericano establecido en 1917. (N. del T.)

[17] Marca italiana de trajes a la medida, fundada en Roma en 1945. El costo de uno de sus trajes puede superar los 7 500 dólares. (N. del T.)

[18] Propietaria de una de las fortunas más grandes de Estados Unidos, la familia Pritzker de empresarios y filántropos es dueña, notablemente, de la cadena de hoteles Hyatt, del buró de crédito TransUnion y de los cruceros Royal Caribbean, entre muchas otras propiedades, incluidas escuelas y museos. (N. del T.)

[19] Notable abogado penalista neoyorkino, establecido en Park Avenue. Ocupó distintos cargos en el gobierno de la ciudad de Nueva York. En 2011, recibió una distinción del Congreso de Estados Unidos por su contribución al estudio de los principios de la Constitución. (N. del T.)

[20] Boxeador estadounidense (1962), campeón mundial de peso semipesado (1986-1988) y pesado (1989-1992). (N. del T.)

[21] Boxeador neoyorkino (1966), campeón mundial de peso pesado (1986-1989, 1996 y 2002). La pelea Holyfield-Tyson tuvo lugar el 28 de junio de 1997, en Las Vegas. (N. del T.)

[22] La familia Rudin, cuyo patriarca, Samuel Rudin (1896-1975), fundó la Rudin Managment Company, Inc., es uno de los más notables constructores y proveedores de servicios integrales de bienes raíces en Nueva York. Sus actividades se remontan al

padre de Samuel, que compró su primera propiedad en 1905. (N. del T.)

23 La familia Rose es una de las más antiguas y exitosas en los bienes raíces de Nueva York. Los hermanos Samuel y David Rose fundaron Rose Associates en el Bronx, en 1920. (N. del T.)

24 La familia Milstein inició actividades en los bienes raíces desde 1919, con Circle Floor Company. Los hermanos Paul y Seymour desarrollaron de manera considerable la compañía, sobre todo con proyectos de riesgo en Times Square, en los años 1980. (N. del T.)

25 Frederick Christ *Fred* Trump (1905-1999) se inició en los bienes raíces en 1920, a los 15 años, en conjunto con su mamá, con quien creó la compañía Elizabeth Trump & Son. Comenzaron construyendo casas en Queens, fueron unos de los primeros en construir supermercados y, durante la Segunda Guerra Mundial, construyeron barracas para personal de la marina en la costa este. Más tarde construyó grandes conjuntos habitacionales para familias de ingresos medianos, la mayoría, de veteranos de guerra. (N. del T.)

26 En 1982, Yokoi, accionista principal de Nippon Sangyo, empresa de bienes raíces con sede en Tokio y activos en diversos países, fue responsabilizado del incendio de un hotel de su propiedad, en Tokio, en el que murieron 33 personas. Al parecer, el hotel incumplía con las normas antiincendio y Yokoi purgó, por ello, dos años de cárcel. Nippon Sangyo se asoció con Trump en la compra del Empire State Building. Kiko Nakahara, hija de Yokoi, actuó como representante de Nippon Sangyo en las negociaciones, carácter que fue desmentido más tarde por su padre. (N. del T.)

27 Acontecimientos recientes demostraron de manera concluyente que mi caracterización de la edad asociada con el comportamiento de Trump fue demasiado generosa: fallé en al menos 10 años. Mea culpa. (N. del A.)

28 Juego de palabras: *trompe-l'oeil* significa "ilusión óptica", en francés. (N. del T.)

[29] *Rueda de la fortuna;* se trata de un popular espectáculo televisivo de concursos que dio inicio en 1983 y a la fecha se sigue transmitiendo. (N. del T.)

[30] En 1983 el ejército de Estados Unidos invadió aparatosamente la pequeña isla de Grenada con 7 600 soldados (el país contaba 91 000 habitantes), para contrarrestar el golpe de estado del Movimiento Nueva Joya, apoyado por Cuba. La invasión fue severamente criticada por la ONU, Inglaterra y Canadá, entre muchos otros países. (N. del T.)

[31] Edward Francis Hutton (1875-1962), agente financiero de Estados Unidos, establecido en Wall Street; fundó en 1905 E. F. Hutton & Company, una de las empresas de valores más prestigiadas de Estados Unidos. (N. del T.)

[32] Marjorie Merriweather Post (1887-1973), heredera de General Food Coorporation, una de las grandes empresas estadounidenses de cereales, coleccionista de arte (su colección de arte ruso es notable) y una de las celebridades más destacadas de su tiempo. Estuvo casada en segundas nupcias con Hutton de 1920 a 1935, año en que se divorció para casarse con Joseph Davis, embajador de Estados Unidos en Rusia. (N. del T.)

[33] Senador republicano por Nueva York de 1957 a 1981. Formó parte del ala liberal, minoritaria en el partido, y del Congreso de Estados Unidos por más de 30 años. (N. del T.)

[34] El extravagante dueño del grupo inglés de medios de comunicación *Trinity Mirror*, que publica el diario *Daily Mirror*, del grupo Pergamon Press y de las escuelas de lenguas Berlitz, entre otras empresas, murió en 1991 al caer de su yate *Lady Ghislaine* cerca de las Islas Canarias. Robert Maxwell también fue miembro del parlamento británico. A la muerte de su padre, Ghislaine se mudó a Estados Unidos, donde promueve una fundación para la preservación de los océanos. (N. del T.)

[35] Película de fantasía de Nora Ephron, estrenada en 1996, con John Travolta en el papel del arcángel San Miguel. (N. del T.)

[36] Juego de palabras, *lacayo* se dice *footman*, literalmente "hombre-pie". (N. del T.)

[37] Reconocido cantante de jazz y pop nacido en 1926. Fundador de la Escuela Frank Sinatra de Artes, en Queens, Nueva York. (N. del T.)

[38] *Baywatch (Guardianes de la bahía)* es una serie de televisión sobre los salvavidas de Santa Mónica, California. Se transmitió de 1989 a 2001 y fue famosa por su elenco de actrices-modelos, que la mayor parte del tiempo actuaban en traje de baño. (N. del T.)

[39] Icahn School of Medicine at Mount Sinaí (Escuela Icahn de Medicina del Monte Sinai) es una de las más prestigiadas escuelas de medicina de Estados Unidos, establecida en Manhattan en 1963, adjunta al Hospital del Monte Sinaí. (N. del T.)

[40] Puente suspendido de más de dos kilómetros de longitud y 40 de altura sobre el río del Este, inaugurado en 1903. Conecta el lado este de Manhattan con Brooklyn. El puente Williamsburg es uno de los iconos de la ciudad de Nueva York. Estuvo cerrado al tráfico de vehículos de abril a junio de 1988, después de que un pintor advirtió un hoyo en una viga. A lo largo de los años noventa, se llevaron a cabo numerosas reparaciones. (N. del T.)

[41] En agosto de 1996, Alexandr Lebed, entonces jefe del Consejo de Seguridad, firmó los acuerdos de Khasavyurt con el presidente checheno Maskhadov, que pusieron fin a la primera guerra chechena. En octubre de ese mismo año, Lebed fue depuesto de su cargo en el Consejo por conflictos con la cúpula militar. (N. del T.)

[42] Años más tarde, supe que el cuadro *La Loge* era un Renoir sólo en la medida en que una reproducción calificaría como Renoir. El original está en el Courtauld Institute of Art de Londres. (N. del A.)

[43] Estilo arquitectónico inglés que prevaleció de 1720 a 1840, periodo durante el que cuatro reyes británicos se llamaron Jorge *(George)*. (N. del T.)

[44] Katharine Graham (1917-2001) dirigió el diario de su familia, *The Washintong Post,* de 1963 a 1991. Bajo su dirección edito-

rial, el diario encabezó el escándalo de Watergate que puso fin a la presidencia de Richard Nixon en 1974. Recibió el premio Pulitzer en 1998. (N. del T.)

45 Punto de lanzamiento de la pelota de golf. (N. del T.)

Créanme

1 El término coloquial *thousandaire* se refiere a alguien que no es precisamente millonario, que tiene varios miles de dólares, mas no millones. (N. del T.)

2 "En-TRUMP-eneur", juego de palabras entre *Trump* y *entrepreneur*, "empresario". (N. del T.)

3 Comediantes, guionistas, productores, directores y conductores de programas de televisión. (N. del T.)

4 Hace tiempo que Leslie Moonves, jefe ejecutivo del coorporativo de noticias CBS, bajó sus cartas: "Puede que no sea bueno para Estados Unidos, pero es increíblemente bueno para la CBS… Va a ser un muy buen año para nosotros. Lo siento. Sé que es horrible decirlo, pero venga de allí, Donald. Sostente". Esta descarada confesión viene a mi mente cuando surfeo en los canales de televisión, y siento la tentación de poner en llamas a la CBS. (N. del A.)

5 Los admiradores de Trump no fueron los únicos que se volvieron locos. Vicente Fox, el antiguo presidente de México, fue un disidente notable: "¡No voy a pagar por ese jodido muro!"

6 Comentarista político. Su programa de entrevistas, *Hardball with Chris Matthews,* se transmite, tarde en la noche, en el canal MSNBC.

7 Es poco probable que esta joya perdure como la improvisación más perspicaz de Trump. Tras meter el pie, se hundió hasta la rodilla: "No es un héroe de guerra. Es un héroe porque lo capturaron. A mí me gustan las personas que no fueron capturadas". (N. del A.)

8 Trump también coincidió con la percepción de Stern de que "toda vagina es potencialmente un campo minado". (N. del A.)

[9] Siglas de Grand Old Party, el "Gran Partido Antiguo", como se conoce al Partido Republicano.

[10] Plan de reformas al sistema de salud promovido por el presidente Obama. (N. del T.)

[11] Embajadora de Estados Unidos en Japón desde 2013; miembro destacado del clan Kennedy y del Partido Demócrata. Hija del presidente John F. Kennedy, asesinado en 1963; sobrina de los senadores demócratas Robert y Ted Kennedy. (N. del T.)

[12] Donald Trump se recibió de economista en 1969, a los 22 años, en la Wharton School de la Universidad de Pennsylvania. (N. del T.)

[13] Uno de los "padres fundadores" de Estados Unidos, conocido por su ferviente defensa de la Constitución. Fue ayudante de campo del general George Washington. (N. del T.)

[14] Colección de ensayos y artículos publicados de 1787 a 1788 por Alexander Hamilton, James Madison y John Jay, que promovían la ratificación de la Constitución de Estados Unidos. (N. del T.)

Agradecimientos

Gracias a:

Mis colegas de *The New Yorker*, actuales y antiguos, incluyendo a Roger Angell, Peter Canby, Cynthia Cotts, Amy Davidson, Bruce Diones, Jeffrey Frank, Ann Goldstein, Mary Norris, Brenda Phipps, David Remnick, Dorothy Wickenden y Daniel Zalewski.

Tina Brown, por el regalo que nos sigue dando.

Reid Singer (como un hijo para mí), por su asistencia en la investigación; lo mismo que a Jake Lahut.

En The Crown Publishing Group, a Tim Duggan y Will Wolfslau.

Ian Frazier, Melissa Harris, John McPhee, Jeffrey Posternak, Jeb Singer, Betsy Singer, Timothy Singer, Paul Mailhot-Singer, ustedes saben por qué.

Y a los muchos periodistas que a lo largo de los años han reportado con diligencia sobre Donald Trump, poniéndose en riesgo, en especial a Michael D'Antonio, Timothy O'Brien y el gran Wayne Barrett.

41
Un retrato de mi padre
por George W. Bush

Nunca desde los tiempos de John Quincy Adams y John Adams en la Casa Blanca hace 190 años han sido padre e hijo presidentes de los Estados Unidos. En *41: un retrato de mi padre*, George W. Bush el presidente número 43, nos guía a lo largo de la vida y el liderazgo de su padre, George H.W. Bush, el presidente número 41. George W. Bush describe las tres décadas de su padre en la política—en el Congreso primero, más tarde como embajador, director de la CIA, vicepresidente bajo Ronald Reagan y finalmente presidente de los Estados Unidos en 1988. Pero más que una biografía, *41* nos ofrece las lecciones que un hijo aprendió del hombre al que admira y adora. *41* es un emotivo tributo a un inspirador padre y a un gran estadounidense.

Biografía

SLIM
El mexicano más rico del mundo
por Diego Osorno

Carlos Slim apareció en la lista de *Forbes* por primera vez in 1991 con mil millones de dólares en el bolsillo, la cantidad mínima para figurar en el elenco de los magnates más acaudalados del mundo. A partir de ese momento el empresario de origen libanés ha multiplicado su fortuna con velocidad inusitada, tanto que pronto llegó a encabezar dicha lista. Este relato abarca sus días en la Facultad de Ingeniería de la UNAM, su paso por la Bolsa Mexicana de Valores, la adquisición de Telmex, el crecimiento de su emporio y sus relaciones y alianzas con diversos empresarios, políticos e intelectuales, las cuales lo han convertido en el hombre de negocios más importante del país y del mundo.

Biografía

MARCO RUBIO Y LA HORA DE LOS HISPANOS
por Eduardo Suarez y María Ramírez

Hijo de inmigrantes que huyeron de Cuba antes de la llegada del castrismo y que se quedaron a medio camino de hacer realidad el sueño americano, Marco Rubio es una figura con una fuerte carga simbólica. Se graduó en la universidad e hizo carrera política desde los cargos más modestos en Miami. Llegó al Senado como uno de los favoritos del sector más conservador y poco a poco se ha ido moviendo hacia posiciones más centristas, abanderando la reforma migratoria que podría legalizar a millones de inmigrantes indocumentados. Su trayectoria simboliza de modo inmejorable el auge de la comunidad hispana, y permite retratar a la vez a un joven y ambicioso político y a la joven y ambiciosa comunidad a la que representa, para ofrecer una imagen poliédrica del país más importante del mundo y el papel que los hispanos desempeñan allí.

Política

VINTAGE ESPAÑOL
Disponible en su librería favorita.
www.vintageespanol.com